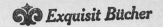

JOSEPHINE MUTZENBACHER

Meine Tochter Peperl

Originalausgabe

WILHELM HEYNE VERLAG
MÜNCHEN

EXQUISIT BÜCHER
im Wilhelm Heyne Verlag, München
Nr. 87

Herausgegeben von Peter Schalk

8. Auflage
Copyright © 1974 by Wilhelm Heyne Verlag, München
Printed in Germany 1980
Umschlaggestaltung: Atelier Heinrichs, München
Gesamtherstellung: Zettler, Schwabmünchen

ISBN 3-453-50056-3

Vorwort

Reich und berühmt war sie geworden, die Josephine Mutzenbacher. Nichts war ihr im Leben geschenkt worden. Angefangen hat sie in den tiefsten Niederungen des Großstadtsumpfes, hat sich für ein paar billige Münzen, ja oft auch nur für ein Essen den Männern hingegeben. Ihre Sehnsucht und ihr Wille halfen ihr aus diesem Dunkel zu einem besseren Leben, das sie sich ganz langsam und mühsam aufbaute. Als sie dann auf der Höhe war, begegnete sie dem Mann, der für sie die reine Liebe bedeutete. Sie bekommt von ihm ein Kind und ist darüber glücklich wie jede andere Mutter. Doch nun, da sie alles hat, was sie sich je wünschte, rächt sich ihr bisheriges Leben. Sie hat nicht mehr die Kraft, für ihr Kind zu sorgen. Sie überläßt dies der Obhut einer Tante, bei der sie es gut aufgehoben glaubt.

Ihre Tochter Josephine, Peperl genannt, kann ihre Herkunft nicht verleugnen, sie übertrifft ihre berühmte Mutter an wilder Triebhaftigkeit und Raffinesse.

1

Aus dem Souterrainfenster der Hausmeisterwohnung reckt sich spähend der zerstrubbelte Kopf der Frau Aloisia Mutzenbacher, der Tante der kleinen Peperl. Laut schreit sie nach der Pepi und wirft wütend das Fenster zu, als sie keine Antwort bekommt und die Pepi nicht sieht.

Die Pepi hört gar nicht, daß sie gerufen wird, sie ist eifrig beschäftigt. Mit ihrer Freundin Mali Wondraschek sieht sie zu, wie die Möbelpacker schweißtriefend den Hausrat des Selchermeisters Pipaneka über die Stiegen heruntertragen und in dem riesigen Möbelwagen verstauen, der vor dem Tor hält. Eng an die Wand gelehnt stehen die Peperl und die Mali, und ihre Augen sind gebannt auf die muskelharten nackten Arme der Männer gerichtet.

Lüstern spielt Peperls schmale rote Zunge um die Mundwinkel, und die kleinen harten Brüste stechen spitz durch das dünne Dirndlkleid.

»Hörst Mali«, sagt die Pepi, »gehts dir a so wie mir?«

»Was meinst denn?«

»Na weißt, wenn ich die nackerten Männer seh, wird mir ganz anders, und wenn ich noch riech wie die schwitzen, brennt mir die ganze Fut. Ich muß mich grad zruckhalten, daß ich net mit der Hand hingreif.«

Die Mali wird rot bis an die Stirn. »Geh, schäm dich, du Sau!«

»Hörst, du bist blöd. Spielst du dich nie mit deiner Fut? Ich immer. Auf die Nacht vorm Einschlafen, das ist fein! Spielst du dich ehrlich nie?«

»Na, des is a Sauerei, hat mei Mutter g'sagt!«

»Weil net weißt, wie das ist«, ereiferte sich die Peperl. »Da stehst und schaust dir die Burschen an und regst dich auf, und dann weißt net amal, was tun kannst dagegen. Lieber ließ ich's mir ja von einem Burschen machen, aber ich trau mich net. Die wollen immer gleich vögeln, diese Burschen, und dann machen's dir vielleicht ein Kind. Mein Onkel hat gesagt, dann derschlagt er mich. Deshalb tu ichs mir halt allein. Ich halt's jetzt nimmer aus. Komm gehn wir zu uns in die Wohnung, ich zeig dir wie's geht — wenn du willst!«

Die Mali ziert sich, aber die Neugier brennt ihr aus den Augen. Zögernd geht sie mit.

Tante Mutzenbacher empfängt ihre Nichte mit einer schallenden Ohrfeige. Rot brennt die linke Wange der Peperl, die schweigend und achselzuckend die Strafe einsteckt.

»Daß dirs merkst, du Dreckfratz«, zetert die Alte, »und paß aufs Gullasch auf, daß der Onkel sein Essen kriegt. Ich komm erst auf d'Nacht zurück.«

Krachend fliegt die Tür ins Schloß, und die Peperl streckt breit die Zunge hinter der Tante her.

»Also komm Mali, daß ich dirs zeig.«

Die Peperl geht voran in das halbdunkle Zimmer, das von der Küche durch eine Glastür getrennt ist. Neugierig folgt die Mali.

»Geh, du bist eine Sau«, sagt sie.

»Wennst net zuschauen willst, laßt es eben bleiben, blöde Gans, ich mein dir's ja nur gut.«

»Naja, ich will ja schon, aber nur zuschauen«.

»Alsdann — schau!«

Die Peperl legt sich auf das breite Bett und hebt das Dirndlkleid bis ans Kinn. Eine Hose trägt sie keine, das ist ein unnötiger Luxus, meint die Tante. Der schmale, frühreife Körper der Peperl liegt nackt auf der roten Bettdecke. Sie schiebt die schlanken braunen Schenkel weit auseinander und zeigt mit dem Finger auf ihr Mittelstück.

»Das ist die Fut«, sagt sie belehrend, und Mali kichert los.

»Das weiß ich doch!«

»Lach nicht, das Fingerln ist eine ernste Sache, das muß man mit Andacht machen.«

Noch weiter spreizt sie die Schenkel, so daß die wenigen braunen Schamhaare die rosige Grotte freigeben, die noch von keinem Pilger begangen wurde, und in der nur ihr eigener Finger bisher seine Andacht verrichtet hatte.

»Nun, und das ist der Kitzler«, sagt das Peperl weiter. Doch wie sie ihn berührt, geht ein Ruck durch ihren kindlich schmalen Körper. Die kleinen Brüste werden noch stärker, und die Brustwarzen stellen sich hoch und kampfbereit auf.

»Das ... ist ... der ... Kitzler!«

Die Peperl will ihre Anatomie noch weiter erklären, aber die Worte werden unverständlich. Eifrig und liebevoll reibt ihr Finger den rosigen winzigen Hügel ihrer Fut, und nur stammelnd kommen die Worte über ihre Lippen:

»Wann i nur ... mei ... Fut ... sehn könnt. Aber mei ... i .., halts ... nie aus ... des regt ... mi so auf ... ah gut ... immer möcht i mir die Dutteln streicheln, aber i kann net ... weil mit einer Hand ... muß i mir die Fut auseinanderhalten ... und mit der anderen muß i mi spieln ... a ... a ... mein Gott ... is des gut ... ich möcht meine Dutteln ...«

»Wart, ich mach dirs!«

Länger schon ist die Mali ganz nahe herangekommen und stiert mit brennenden Augen auf das zuckende Mädchen. Nun streichelt sie mit ihrem schmierigen kleinen Finger sanft über die spitze Brust der Peperl, die lüstern aufstöhnt.

»Ah ... ah ... ach!«

»Ah!« äfft plötzlich eine fremde Stimme die Mädchen nach. Die Mali fährt entsetzt herum und starrt auf den fremden Burschen in der blauen Schlosserhose, der in der offenen Zimmertür steht. Erschrocken sieht sie sich um, ob sie nicht irgendwo ein Loch findet, durch das sie hinaus kann. Es ist aber kein anderes Loch da als das, das die Peperl dem gierigen Blick des Schlosserbuben darbietet, und durch das kann sie nicht ins Freie. Die Peperl ist erstarrt liegengeblieben. Endlich schiebt sie langsam das Kleid herunter und fragt stotternd:

»Was — was wollen's denn?«

»Eigentlich hab ich den Bodenschlüssel für die neue Partei holen wollen, aber jetzt pressierts mir nicht damit, jetzt ... jetzt ... will ich was anderes!«

Schweigend sehen die beiden Mädel den Burschen an, dann breitet sich ein Lächeln über Peperls Gesicht, und sie fragt mit der Sicherheit einer Ottakringerin, der nichts Menschliches fremd ist: »Und das wär?«

»Und das wär?« echote Mali, aber etwas weniger sicher als ihre Freundin.

Der Bursch macht eine spöttische Verbeugung.

»Ein bisserl pudern, ein bisserl wetzen, wenns den Damen angenehm ist!«

»Haha!« Die Peperl lacht hell auf. »Das möcht Ihnen so passen, was? Schau daß weiter kommst, Strizzi, aber gschwind, sonst mach ich dir Haxen. Da könnt ja ein jeder kommen.«

»Freilich könnt ein jeder kommen!« Der Bursch grinst frech. »Die Tür habts ja offen gelassen, daß ein jeder herein kann. Also die Damen lehnen ab? Auch in Ordnung. Ich wart dann halt bis die Frau Hausmeister kommt und werd ihr dann eine recht interessante Geschichte über das Fräulein erzählen.«

»Herr ... wie heißen Sie denn überhaupt?«

»Rudi Pomeisl, zu dienen.« Und er macht einen Kratzfuß. Dann meint er freundlich: »Schönes Fräulein, es ist doch nix dabei. Die Fut hab ich ja eh schon gesehn, also lassens mich drüber.«

»Eigentlich hat er ja recht«, meint die Peperl. »Die Fut hat er ja wirklich gesehen. Schließlich ist ja nix dabei. Alsdann kommen Sie halt rein, aber machens die Tür zu, sonst haben wir noch die ganze Werkstatt da.«

»Wann ma net neidig san, haben wir alle genug«, sagt der Rudi und zieht seinen Rock aus. »Ich glaub wir sagen ›du‹, das ist einfacher. Wie heißen denn die Damen?«

»Ich bin die Peperl und das ist meine Freundin Mali.«

Die Mali hockt verstört auf einem Sessel, und auch die Peperl hat jetzt ein wenig den Mut verloren. Sie sitzt ein bisserl ängstlich auf dem Bett.

Der Rudi zieht sich seelenruhig weiter aus, wobei er die Augen nicht von den spitzen Brüsten der Peperl läßt. Nun steht er da, der sonnengebräunte blonde Kopf sitzt auf einem mageren weißen Bubenkörper, von dem ein ganz sehenswerter fester Schwanz in die Höhe ragt.

Peperl und Mali drücken sofort die Hände vor die Augen. Die Peperl aber nicht so fest, als daß sie nicht durch die Finger schielen könnte.

Forsch kommt der Rudi heran. Man sieht es, er hat schon eine gewisse Erfahrung mit Frauen, denn sanft zieht er der Peperl die Finger vom Gesicht, legt sie auf den Rücken, was sie ruhig zuläßt. Als er ihr das Kleid auszieht, zuckt sie noch einmal verschämt zusammen, aber dann sagt sie plötzlich:

»Ist ja egal, ob der oder der, einmal muß es ja sein!« Willig schiebt sie die Beine auseinander.

»Ah, das ist ein schönes Futerl«, sagt der Rudi und reibt seinen Schwanz an Peperls Kitzler. »Aus der Nähe ist es noch viel schöner! Aber da kommt man ja nicht eine, bist du denn noch eine Jungfrau?«

»Ja leider«, nickt die Peperl.

»Wie alt bist denn?«

»Dreizehn war ich zu Weihnachten!«

Der Rudi zuckt zurück.

»Ah, da schau her, da könnt man ja in eine schöne Sache kommen!« Und als die Peperl ihre Fut näher herandrängt, da sie von dem schönen harten Schweif, der an ihren Kitzler pocht, ganz aufgeregt ist, sagt er gönnerhaft: »Da werd ich doch also net pudern, ein Malheur ist gleich geschehen. Da werde ich lieber das andere Fräulein pudern. Komm her Mali!«

»Jössas«, qietscht die Mali, »ich bin noch zu jung!«

Der Rudi kratzt sich überlegend am Kopf und meint dann: »Ich werd euch alle zwei net wetzen, zum Wetzen hab ich genug Weiber, alle Dienstboten rennen mir nach. Ich werd euch gleich in die höhere Schule der Liebe einführen! Also, leg Dich neben die Peperl, Mali.«

Die Mali heult los: »Na, ich mag net, ich möcht zu meiner Mutter!«

»Stad bist!« Der Rudi spricht ganz streng. »Da legst dich her, sonst geh ich zu deiner Mutter!«

Die Mali schleicht zögernd und heulend näher: »Ich hab noch nie...«

»Geh, laß sie stehn, die fade Nocken!«

Die Peperl ist gierig. Erregt schielt sie nach dem dicken Schwanz vom Rudi, ihr eigener Finger spielt an ihrem Kitzler. Rudi nimmt ihre Hand weg und spielt nun selbst an Ihren Futhaaren, während er der Mali befiehlt: »Ausziehen!«

Mali legt ihren Rock und die Bluse ab. Das Hemd aber hält sie fest um die Knie zusammen. Einen Schritt macht der Rudi auf sie zu, hebt die Hand, und mit einem Ruck fällt das Hemd mit zerrissenen Achselspangen herunter.

Die Mali steht nackt da und preßt die Hand auf ihre kleine, fast haarlose Fut. Sie will vor Scham vergehen.

Rudi betrachtet sie kritisch und meint dann abfällig: »Du bist ja noch kein Weib, du hast ja a nackerte Fut. Und so was g'fallt mir net!«

Da aber ist die gschamige Mali empört, jetzt wo sie nackt dasteht, ist es auch ihr ziemlich egal, und sie sagt wütend:

»Ich hab's dir ja net angschafft und schließlich hab ich grad so große Dutteln wie die Peperl.«

Rudi ist ein gerechter Mann, gewissenhaft prüft er diese Behauptung. Mit raschen feuchten Fingern fährt er über Malis Brustwarzen, die sich gleich härten und aufrichten.

»Das stimmt«, sagt er gnädig. »Dutteln hast und« — seine Stimme klingt tröstend — »Haare kriegst auch noch auf der Fut. Schaust halt zu!«

Nun aber ist die Mali sanft und erregt, denn als der Rudi ihre Brustwarzen streichelte, fuhr ihr ein niegekannter Schauer durch den Körper. Sie kriecht neben die Peperl auf das Bett, legt sich ausgestreckt hin. Wie die Peperl schiebt sie die Schenkel auseinander und wartet der Dinge, die da kommen sollen.

Rudi betrachtet selbstbewußt die beiden Mädchen, dann schiebt er sie bequemer hinauf und beginnt sanft Peperls Kitzler zu streicheln. Er sieht ihr dabei aufmerksam ins Gesicht. Die Peperl stöhnt auf. Es ist doch etwas ganz anderes, einen männlichen Finger an der Fut zu spüren, als den eigenen. Sie verdreht die Augen und hebt den Popo so hoch sie kann. Als dann der Rudi seinen kleinen Finger zart und doch fest gegen ihr Arschloch preßt, da schreit sie auf vor Lust und windet sich unter den kundigen Händen.

»Ah, ah, da so ... das ist wie im Himmel! Noch, noch, nur um Gottes willen nicht aufhören!«

Rudi sieht zu, wie sich ihre Augen immer mehr verdrehen, in immer stärkeren Wellen die Schauer über ihren Körper laufen. Da beugt er sich dicht über das aufstöhnende Mädchen und nimmt sanft küssend ihre spitzen Brustwarzen in den Mund. Einen hohen Lustschrei stößt die Peperl aus, dann sinkt sie zusammen und liegt wie betäubt da.

»Na, wär's nicht schad gewesen, wenn ich weggegangen wär?«

Der Rudi fragt es stolz, doch Peperl antwortet nicht. Dafür holt sich schüchtern Mali den kundigen Finger Rudis an ihre nackte Fut. Zerstreut spielt auch ihr der Rudi ein wenig an dem Kitzler, hört aber bald damit auf.

»Mußt noch a bisserl warten, bist größer bist«, sagt er entschuldigend, »weißt mich freut halt a nackerte Fut nicht.«

Die Peperl hat die Augen aufgeschlagen, sie liegt gelöst da. Rudi wendet sich sofort ihr wieder zu.

»War's gut?« fragt er, und als sie nickt, nimmt er ihre träge Hand und führt sie an seinen steifen Schwengel.

»Jetzt komm ich dran! Hast schon einmal einen steifen Schwanz in der Hand gehabt? No, ich werd dirs schon zeigen.«

Er führt ihre ungeschickte Hand an seinem strotzenden Schaft auf und ab, läßt die große Eichel glänzend hervorschauen und zeigt ihr, wie sie mit der anderen Hand die Eier lind zu streicheln hat. Peperl tut eifrig, wie ihr befohlen. Rudi legt sich auf das Bett zurück und vergräbt seinen Finger in ihrer Fut. Ihr Hintern beginnt schon wieder zu zucken, denn der spielende Finger regt sie schrecklich auf. Tiefer beugt sie sich über die dicke Nudel Rudis, und ohne sich zu besinnen, beginnt sie mit spitzer Zunge seine Eichel zu lecken, daß er vor Lust stöhnt.

»Du hast ein Talent«, sagt er, »wenn eine Jungfrau, die noch nichts gelernt hat, von allein den Schweif in den Mund nimmt, dann wird eine große Hur aus ihr. Madel ... Madel, du kannst es ... schleck weiter! Peperl, ich bitt dich, laß die Eier nicht aus und schleck schon endlich weiter! Schleck Mauserl, Mariadaner, es kommt mir! Schleck noch ein Sekunderl — Schleck! Fest zuzeln! Ah — jetzt — jetzt!«

Dick und weiß schießt der Samen aus dem Schweif direkt in Peperls Gesicht, die erschrocken den Schwanz fahren läßt und sich abwischt. Rudi ist blaß. Peperl sieht ihn ängstlich an. Es wird ihm doch nichts passiert sein? Sie hat ja noch niemals einen Mann gesehen, dem frische Mädchenlippen soeben das Mark aus dem Knochen gesagt haben.

Der Rudi erholt sich aber rasch, und als er sieht, wie das Mädchen an ihrem erregten Kitzler herumspielt, setzt er sich mit einem Ruck auf, wirft die Peperl hin und vergräbt seinen blonden Bubenkopf zwischen ihren Beinen. Ganz verrückt wird Peperls Kitzler unter Rudis geschickter Zunge. Was waren selbst die geübten Finger Rudis gegen seine Zunge, die bald spitz grabend oder breit leckend über ihre Spalte leckt. Tausend Feuer brennen in Peperls Leib. Vom Kopf bis in die Fut durchglüht sie ein heißer Strahl. Ihr ist, als müsse sie vor süßer Qual sterben. Sie schreit und bäumt sich auf. Doch als Rudis Lippen ihrer begehrenden Fut entrutschen, da schreit sie auf: »Noch, noch — bitte — bitte — nur net aufhören!« Und der Rudi brummt beruhigend und vergräbt von neuem seine Zunge in ihrer gierigen, rosigen Fut, bis sie endlich wimmernd mit geschlossenen Augen stilliegt.

»Du bist eine fertige Hur«, sagt der Rudi anerkennend, steht auf und wischt sich mit dem Handrücken über den feuchten Mund. »Alle Achtung! Man möcht nicht glauben, daß du noch mit keinem Mann was zu tun gehabt hast.«

»Meiner Seel, wahr ist's«, sagt die Peperl, und ihre Hand tastet nach dem hängenden Schweif Rudis. Der klopft ihr auf die Finger und brummt: »Gibst jetzt a Ruh!«

Gönnerhaft greift er der Mali zwischen die Schenkel, die mit ratlosem Blick an ihrer nackten Fut herumzupft und sichtlich nicht weiß, wie sie dieselben aufregenden Gefühle wie die Peperl hervorrufen könnte.

Rasch zieht der Rudi seine Kleider wieder an und sagt abschiednehmend:

»Leider hab ich jetzt keine Zeit mehr, Peperl, aber wenn du magst, kommst auf d'Nacht in den Währingerpark. Wir sind einige Burschen und können schon was leisten, wenn du meine Freunde auch ein bisserl über deine Fut läßt. Nachher nehmen's dich mit ins Kino!«

Die Peperl liegt noch immer mit ausgebreiteten Schenkeln auf dem Bett. Da kann sich der Rudi doch nicht zurückhalten, er macht noch einmal kehrt und drückt in die rosige Spalte zwischen den Schenkeln einen langen, leidenschaftlichen Kuß. Dann eilt er fort zu seiner Arbeit.

Die Mali wirft sich herum, daß sie fast ganz auf der Peperl liegt.

»Du Peperl, sag wie war's, aber sag mirs ehrlich. Geschrien hast, daß ich mich gefürchtet hab, aber dann war's doch wieder so aufregend. Wie du die Augen so verdreht hast, hats mich in meiner Fut gejuckt. Geh, sag mirs genau.«

»Wie's war? Schön war's halt! Greif her, wie heiß meine Fut noch jetzt ist. Die brennt wie's höllische Feuer, von dem uns der Katechet immer erzählt. Wenns höllische Feuer so angenehm ist, dann möcht ich gern in die Hölle!« Die Peperl lächelt und wie unabsichtlich greift sie der Freundin an die Fut. »Komm her, Mali, ich mach dirs, dann weißt wies ist!«

Gehorsam schiebt die Mali die Beine auseinander, daß ihre Kleine weit auseinanderklafft und den rosigen Kitzler zeigt. Die Peperl macht ihren Zeigefinger naß und führt ihn sanft und leise über den Wollustspender der Mali. Die quietscht hell auf und lacht.

»Hörst, das kitzelt ja damisch.«

»Wirst gleich aufhören zu lachen.«

Ernst und andächtig fährt Peperl in ihrer Beschäftigung fort. Das Gesicht der Mali wird verschwommen, und ihre Augen nehmen einen sehnsüchtigen Glanz an. In kleinen Wellen laufen Schauer über ihren mageren Körper. Die Peperl streichelt bald sanft und langsam, bald immer rascher Malis Kitzler, der immer größer und schwellender wird. Mali stöhnt auf und sagt stockend:

»Einen schönen großen Schwanz hat er gehabt der Rudi ... einen schönen großen Schwanz ... Hör auf Peperl ... ich kann nimmer, ich halts net aus ...«

»Pscht, pscht«, macht die Peperl, »haltst es schon aus, gleich wirds dir kommen.« Ihr Finger trommelt einen rasenden Wirbel in der kleinen Fut. »Gleich kommt dirs, sag mir ja ob es gut ist, Mali, sag mirs!«

Mali stöhnt langgezogen das Wort g u t aus, dann bäumt sie sich, den nackten Bauch hochaufstreckend auf, daß das Kreuz ganz hohl ist, ihre Fut wirft sich dem streichelnden Finger entgegen. Endlich sinkt sie zusammen und bleibt schwer atmend auf dem zerwühlten Bett liegen, in dem sonst das Ehepaar Mutzenbacher seine spärlichen Ehefreuden genießt.

Zwei Minuten später stehen die Mädchen vor dem halbblinden Spiegel und betrachten ihre Mittelstücke, die ein wenig mitgenommen aussehen.

»Du hast wirklich viel mehr Haare drauf«, sagt die Mali neidisch.

»Ich bin ja auch älter als du«, tröstet die Peperl. »Weißt, mir sind die Haar erst richtig gewachsen, seit ich mit meiner Fut spiel, früher war sie auch nackert. Aber jetzt spiel ich immer, und nun laß ich mir's auch noch vom Rudi machen. Du der kanns! Mit der Zunge ist es noch viel besser als mit dem Finger. Schad, daß ich mich net allein schlecken kann.«

Peperl blickt mit ehrlichem Bedauern und einem bedeutungsvollen Blick auf die Mali, aber die versteht sie nicht. Wirklich schade!

»Nimmst mich mit, Peperl, wenn du auf die Nacht in den Währingerpark gehst?«

»Du hast ja gehört, daß du noch zu jung bist.«

Die Peperl ist sehr stolz, daß sie der Freundin etwas voraus hat. Sie weiß jetzt, daß die Burschen keine nackte Fut mögen.

»Schau, auf d'Nacht ist eh finster«, drängt die Mali, »da sieht ja keiner was, und ich sag, daß ich älter bin. Geh, nimm mich halt mit.«

»Da schau her, auf einmal bist dafür? Früher hast gesagt ich bin eine Sau und jetzt kannst es nimmer abwarten, daß dir einer hingreift.«

»Ich hab ja nicht gewußt wie es ist«, entschuldigt sich die Mali. »Also nimmst mich mit?«

»Von mir aus, komm halt.«

Die Peperl ist großmütig. Im stillen hofft sie aber, daß die Burschen die Mali verschmähen und sich alle um sie bemühen. Sie ist aber fest entschlossen, sich nicht von jedem Burschen an die Fut greifen zu lassen, sondern nur von denen, die ihr auch gefallen. Wie sie jetzt daran denkt, brennt sie gleich wieder ihr frühreifes Votzerl, und sie spürt wieder Rudis heiße Zunge über ihren lüsternen Kitzler lecken.

»Ich wär neugierig«, sagt die Mali, »ob das Pudern besser ist als das Fingerln.«

»Ja, da fragst mich zuviel. Ich kann dirs erst in zwei Jahren sagen – oder vielleicht nächste Woche.«

Die Peperl hat in diesem Augenblick den Entschluß gefaßt, sich so bald als möglich das brennende Löcherl anbohren zu lassen. Die Stunde mit dem geschickten Rudi hat ihr bisher ungeahnte Möglichkeiten eröffnet. Sie weiß plötzlich, daß viele herrliche Genüsse auf ihre braunlockige Kleine warten, und sie, die Peperl, wird sich keinen dieser Genüsse entgehen lassen.

»Braves Futerl, braves«, sagt sie und versucht, es sich selbst zu küssen. Zu ihrem großen Leidwesen ist das aber nicht möglich. So stellt sie sich vor den Spiegel, zieht mit der linken Hand den sanft behaarten Venusberg in die Höhe, so daß der schwellende Kitzler hervorguckt und streichelt ihn ein paarmal leise und sanft mit dem Finger.

Die Mali ist mit Peperls Auskunft nicht zufrieden. Beharrlich studiert sie weiter, was denn nun besser sei, fingerln oder pudern? Sie ist genau wie die Peperl entschlossen, diese Frage sich sobald als möglich selbst zu beantworten.

»Weißt«, sagt die Peperl, »es muß beim Pudern genau so ein Unterschied sein wie beim Fingerln. Da bin ich vor ein paar Wochen auf den Boden gegangen. Da hat gerade die böhmische Köchin vom Fiapnek die Wäsch aufgehängt. Ich hätte ihr dabei helfen sollen. Wie ich auf der Bodenstiege bin, hör ich die Janka mit wem reden. Ich bleib stehen und hör wie sie sagt:

›Jessas, is so viel gut, Stemmel deiniges!‹

Es hat gequietscht, und ich hab mir gleich gedacht, daß da was los ist. Ganz leise bin ich auf Zehenspitzen näher geschlichen, weil ich aber nicht aufgepaßt hab, bin ich über einen Pfosten gestolpert und mit einem Kracher hingeflogen. Wie ich dann um die Ecke gekommen bin, hab ich nichts mehr gesehen. Die Janka hat nur mit ganz glasigen Augen und verdrückten Röcken dagestanden. Neben ihr stand der Briefträger und hat gesagt:

›Also Fräulein Janka, ich leg ihnen den Brief ins Kastel, unterschrieben haben's ja schon.‹

»Ich hab natürlich gleich gewußt, was für einen Brief sie unterschrieben hat, weil er nämlich ganz vergessen hat sein Hosentürl zuzumachen. Da hat noch was von dem ›Bleistift‹ herausgeschaut!«

Die Peperel lacht, und die Mali schaut ganz verständnislos drein und fragt: »Den Bleistift hat er im Hosentürl gehabt?«

»Hörst, du bist blöd, Mali. Ich mein natürlich, daß sein Schweif noch rausgeschaut hat, mit dem er ihr grad was in die Fut geschrieben hat, verstehst es jetzt?«

Nun lacht auch die Mali und kann sich nicht genug tun damit. Aber die Peperl erzählt weiter:

»Dann hab ich natürlich gleich zu der Janka gesagt: ›Habens Ihnen pudern lassen, Fräulein Janka?‹ Da ist sie aber aufgegangen, das kannst dir denken. Aus dem Boden hat sie mich rausgeschmissen und hat mir gedroht, daß sie meiner Tante es erzählt, was für eine Sau ich bin. Aber natürlich hat sie der Tante kein Wort gesagt, denn dann hätte die ja gleich gewußt, daß sich die Janka vom Briefträger hat pudern lassen. Na, wenn es meine Tante weiß, dann weiß es bald die ganze Gegend. Aber ich habs der Janka angesehen, daß es ihr sehr gut geschmeckt hat. Also muß das Pudern was Feines sein!

Ich war direkt froh, wie ich das von der Janka gewußt hab, weil ich ein paar Tage vorher zugehört hab, wie der Onkel die Tante hat wetzen wollen, und sie hat zu ihm gesagt: ›Geh, laß mi in Ruh, du alter Bsuff, i und mei Fut, mir zwei san net neugierig auf dich!« Er hat aber doch unbedingt wollen, und da hat ihm die Tante eines mit dem Kerzenleuchter gegeben. Da hab ich mir damals natürlich gedacht, daß das Pudern doch nicht so schön sein muß, denn sonst hätt die Tante doch wollen. Aufgeregt hat mich die Streiterei der beiden schon, und ich hab eine halbe Stunde mit einer Fut gespielt, bis ich endlich hab einschlafen können!

Also ist das Pudern bei dem einen gut und beim andern ist man nicht neugierig darauf. Ich werd es jedenfalls bald wissen, wie es wirklich ist, das darfst mir glauben Mali.«

»Mali, Mali« keift eine Stimme durchs Fenster. Die Mali schlüpft in fliegender Eile in das Kleid, und mit dem Versprechen abends punkt acht Uhr im Währingerpark zu sein, flitzt sie aus der Tür.

Die Peperl steht noch immer vor dem Spiegel und betrachtet sich. Sie betrachtet im mattschimmernden Spiegel ihr schmales, freches Vorstadtmädelgesicht mit den funkelnden schwarzen Augen, der kleinen aufgestülpten Nase und dem breiten lüsternen Mund mit den gesunden weißen Zähnen. Mit den Händen streichelt sie durch ihr volles braunes Haar, über die Schultern, die kleinen spitzen Brüste, zu den schmalen Hüften und schlanken Beinen.

»Schön bin ich«, sagt sie zu ihrem Spiegelbild, »und eine Hur werd ich, hat der Rudi gesagt. Warum net? Ich habs ja gern, wenn man mein Futerl gut behandelt. Warum soll ich net a Hur werden? Jeden Tag einen Schwanz in der Fut haben is net das Schlechteste. Geld werd ich dann auch genug haben, weil ich so ein schönes braves Futerl hab!«

Mit gespreizten Beinen wirft sie sich wieder auf das Bett, und ihr feuchter Zeigefinger beginnt kundig den lüsternen Kitzler wieder zu bearbeiten.

2

Peperl und Mali schlendern langsam über den Gürtel. Sie haben noch eine halbe Stunde Zeit, ehe die Schule anfängt. Die Bücher halten sie unter den Arm geklemmt, ihre Kleider sind glatt gestrichen, so daß die beiden Brustwarzen frech durchscheinen. Sie registrieren eifrig die Blicke der vorbeigehenden Männer und passen auf, ob sie ihnen auf die Brust sehen oder nicht. Die Mali ist seit der Geschichte mit dem Rudi wie ausgewechselt, sie hat nur mehr das eine im Kopf. Ein ganz geiles Luder ist sie geworden, das keinen anderen Gesprächsstoff mehr hat als ihre kleine Fut und wie oft sie ihren Kitzler befriedigt.

Gelangweilt hört ihr die Peperl zu. Ihre Augen huschen über die Straße und leuchten befriedigt auf, als sie den Friseur Kukilo vor seiner Geschäftstür stehen sieht. Er gefällt ihr ausnehmend gut, und sie hat bei sich beschlossen, daß er und kein anderer sie entjungfern soll. Er ist ein hübscher junger Mann, vielleicht dreißig Jahre alt, fest und stramm gewachsen, mit einem kleinen schwarzen Bärtchen an der Nase. Was der Peperl aber am meisten gefällt, sind seine schönen dunklen Locken. Sie hat davon geträumt, wie sie diese Locken durcheinandergebracht und der Kukilo damit ihr ewig gieriges Vötzchen gekitzelt hat. So lebhaft war dieser Traum, daß sie davon erwachte und es sich dann lange selbst machen mußte, bis sie wieder einschlafen konnte.

Jeden Tag wenn sie zur Schule geht, geht sie an seinem Geschäft vorbei und himmelt den jungen Friseur an. Dieser merkt das natürlich und reckt sich geschmeichelt. Innerlich sind die beiden sich einig, sie lauern nur auf die Gelegenheit. An der Ecke dreht sich die Peperl dann immer noch einmal um und lächelt den nachsehenden Friseur an. Dann verschwindet sie im Schultor.

Die Stunden in der Schule sind langweilig. Die Peperl hört kaum zu, sie träumt vor sich hin, die Hand in der Kleidertasche. Das fällt nicht auf, denn niemand merkt, daß die Tasche ein Loch hat, durch das Peperl ihren Finger steckt und sich ab und zu das Futerl kitzelt. Sie denkt daran, daß sie jetzt schon eine fest behaarte Kleine hat und ob dem Friseur die vielen Haare gefallen werden. Sie findet jdenfalls, daß eine behaarte Fut kleidsamer ist, als eine nackte. Der Friseur hat so feine manikürte Hände und einen so schönen roten Mund. Peperl ist gierig auf diesen Mund. Seit dem Abend im Währingerpark weiß sie, wie gut das Küssen ist.

Der Abend war eigentlich eine Enttäuschung. Der Rudi war frech und hat geprahlt, daß er ihre Fut gesehen hat. Die anderen waren aber irgendwie geniert, und so ist es eigentlich zu gar nichts gekommen, obwohl die Peperl zu allem ganz bereit gewesen wäre.

Der Heimweg war dann am schönsten gewesen. Einer der Burschen hat sie nach Hause begleitet und unter dem Haustor umarmt. Er hat sie geküßt und ihr dabei die Zungenspitze in den Mund gesteckt, ihr dabei das Kleid aufgehoben und sie ganz sanft an der Fut gestreichelt. Vor Aufregung haben ihr die Knie gezittert. Sie drängte sich ganz nah an den Burschen und griff ihm entschlossen in das Hosentürl. Da kam aber leider jemand, und die beiden mußten sich verabschieden. Seither weiß die Peperl, daß es sehr aufregend ist, geküßt zu werden, während man einen Männerfinger in dem Votzerl hat.

Die letzte Stunde ist die Turnstunde. Peperl schlendert verträumt hinter den kichernden Mädchen in den Turnsaal. Plötzlich wird sie hellwach. Heute ist ein Turnlehrer da, denn das Fräulein ist krank. Peperl sieht den Lehrer neugierig an. Er gefällt ihr nicht, aber er ist ein Mann — und für Männer hat Peperl jetzt etwas übrig. Er ist ein noch junger Mensch, hat aber eine blasse, ungesunde Gesichtsfarbe und verlegene Züge. Seine Augen, die die Mädchen träge mustern, sind müde und verlebt. Als er die Peperl bemerkt, wird sein Auge etwas lebhafter. Er schaut fest auf ihre Brüste, die sich spitz und keck durch das Kleid bohren.

»Wie heißt du?«

»Josephine Mutzenbacher.«

»Gut, Mutzenbacher. Zeig mir, was du kannst.«

Er weist auf die Stangen, die wie ein kleiner nackter Wald von Bäumen die eine Seite des Turnsaales einnehmen.

»Klettere hinauf.«

Peperl lächelt ihn an, so daß der Lehrer ein wenig rot wird.

»Bitte Herr Lehrer, auf zwei Stangen oder auf einer?«

»Mit jeder Hand auf einer«, sagt er.

Peperl geht mit wiegenden Schritten zu den Stangen, packt sie an und beginnt hinaufzuhanteln. Ihre schlanken Beine schwingen geschlossen hin und her. Ein paar Klimmzüge macht sie, dann ist sie oben. Der Lehrer hat sich knapp neben die Stangen gestellt und sieht hinauf. Peperl denkt beglückt, daß sie keine Hose anhat. Sie öffnet ihre Beine und läßt den Hinaufsehenden ihre sanft behaarte rosige Fut sehen. Über die Stirn des Lehrers fliegt eine rote Flamme, er preßt die Lippen fest aufeinander. Peperl gleitet langsam herunter, und läßt plötzlich mit einem kleinen Schrei los. Der Lehrer breitet die Arme aus, um sie aufzufangen. Peperl läßt sich so geschickt fallen, daß ihre Knie direkt auf den Schwanz des Lehrers fallen. Fest preßt sie sich gegen ihn und spürt, wie sein Schwengel sie aufbäumt, groß und hart wird.

»Hast du dir wehgetan?« fragt der Lehrer besorgt.

Peperl sieht ihn an, lächelt und sagt: »Ja, ein bißchen am Knie!«

Der Lehrer wird noch mehr rot und sagt streng:

»Setz dich auf einen Stuhl und nach der Stunde bleibst du da, du mußt mehr üben und nachturnen. Unglaublich, wie schlecht du turnst!«

Die Mädchen kichern schadenfroh, doch Peperl merkt das gar nicht. Sie ist aufgeregt, denn sie erhofft sich von dem Nachturnen ein kleines Vergnügen für ihre unruhige Fut. Ziemlich interesselos sieht sie den Mädchen zu, die nacheinander auf die Stangen klettern. Der Lehrer hat auch jetzt seinen Platz unter den Stangen nicht aufgegeben, aber man sieht es ihm an, daß er enttäuscht ist. Außer Peperl tragen alle Mädels der Klasse Hosen. Peperl weiß das, und deshalb macht es ihr auch nichts aus, daß der Lehrer immer wieder hinaufschaut. Immer wieder geht der Blick des Lehrers zu der Peperl, die gleichmütig auf ihrem Stuhl sitzt, die eine Hand in der

Kleidertasche, wo sie ihrem Futerl einen kleinen Vorschuß auf die erhofften Genüsse gibt.

Die Schulglocke läutet schrill, die Mädchen packen eifrig ihre Sachen und verschwinden mit einem letzten schadenfrohen Blick auf die Peperl, die ihrer Meinung nach jetzt strafweise nachturnen muß.

Nun sind sie allein im großen Turnsaal, die Peperl und der junge Lehrer. Durch die hohen Fenster scheint die Mittagssonne und macht Peperls braunes Haar leuchtend. Langsam kommt der Lehrer näher, bleibt vor dem lächelnden Mädchen stehen und sieht sie so eigentümlich an.

»Na?« sagt er.

Peperl schiebt bereitwillig die schlanken Beine ein wenig auseinander und hofft, daß er ihr an die Fut greifen wird. Der junge Mann tut aber nichts dergleichen. Er weiß nicht, daß Peperl seine Absichten schon durchschaut hat. Streng sagt er:

»Also, jetzt klettere die Stangen hinauf. Ich habe keine Lust, so lange zu warten!«

Gut, denkt sich die Pepi, ist mir auch recht. Sie macht ein paar Klimmzüge, bleibt aber dann träge hängen.

»Bitte, Herr Lehrer, ich kann nicht weiter«, sagt sie und sieht ihm direkt ins Gesicht. Ihre Augen sind gierig auf ihn gerichtet.

»Ich werd dir halt ein bisserl helfen müssen.«

Er packt sie um die Knie und hebt sie ein wenig hoch. Sie preßt sich wieder fest an ihn und spürt seine Nase direkt über ihrer Fut. Das regt sie derart auf, daß sie die Stange losläßt und unwillkürlich mit dem Hinterkopf gegen die Mauer schlägt. Die Pepi ist davon ein wenig benommen und der Lehrer sehr erschrocken. Als er ihre geschlossenen Augen sieht, ruft er verstört:

»Um Gottes willen, du wirst mir doch nicht ohnmächtig werden!«

Nein, denkt sich die Peperl, nein, ich werd' nicht ohnmächtig werden, aber der Lehrer hat ihr ja förmlich einen Fingerzeig gegeben. Mit einem tiefen Seufzer läßt sie sich hintenübersinken. Jetzt werden wir ja sehen, was kommt, sind ihre Gedanken. Beim Zurücksinken hat sie wohlweislich ihren Kleiderrock etwas hochgezogen. Sie fühlt, daß ihre Fut nackt daliegt, und sie hält die Augen festgeschlossen. Jetzt sieht er mir auf die Fut, denkt sie aufgeregt, und schiebt die Beine wie achtlos auseinander.

Der junge Lehrer kniet neben dem Mädchen. Er ist erschrocken. Besorgt streicht er ihr über die Stirn, sieht fest auf die geschlossenen Augen. Dann plötzlich sieht er auf die geöffneten Beine, zwischen denen im sanftbraunen Haarwald die rosige Spalte schimmert. Er ist in großer Verlegenheit, er weiß nicht, was er tun soll. Eigentlich müßte er Hilfe für das ohnmächtige Mädchen holen, aber diese süße junge Spalte, so dicht vor seinen Augen, das hält ihn gefangen. Ah, denkt er, das wird schon nicht so arg sein, erst muß ich mir das Votzerl ansehen, denn so eine Gelegenheit kann man sich doch nicht entgehen lassen, so was kommt so bald nicht wieder vor.

Leise, ganz leise schiebt er dem Mädchen die Beine auseinander, weit auseinander. Er merkt in seiner Aufregung gar nicht, daß er gar keinen Widerstand findet. Da liegt vor seinen Augen das schönste Muschelchen, das er je gesehen hat, jung und saftig, mit geschwellten Schamlippen und einem feuchten Kitzler. Nur einmal anrühren und darüberstreicheln, denkt er, und schon greift seine Hand sachte und zart nach der Fut.

Ein Zucken geht durch den schlanken Körper des ohnmächtigen Mädchens, aber sie erwacht nicht, hält fest, ja verkrampft die Augen geschlossen.

Die Hand des Lehrers faßt nun fester zu. Aufmerksam sieht er das Mädchen an, und da bemerkt er, wie ihre Augenlider zu flattern anfangen und sich ein lüsterner Zug um ihren Mund gräbt.

So ist das, denkt er amüsiert, das kleine Luder ist ja gar nicht ohnmächtig! Die spielt ja mit! Nun geniert er sich nicht weiter und bohrt seinen Finger etwas tiefer in die sich ihm darbietende Fut.

Peperl stöhnt auf, aber sie spielt weiter die Ohnmächtige. Ihr Körper tanzt unter den geschickten Fingern des Lehrers. Plötzlich spürt sie eine heiße Zunge in ihrer nimmersatten Spalte. Hoch hebt sie den Bauch, damit er besser dazukommt. Sie stöhnt leise und windet sich. Voll Sehnsucht denkt sie dabei an einen großen, steifen Schwanz, den sie in sich haben möchte. Noch einen festen Zungenschlag spürt sie, dann hört der Lehrer plötzlich auf.

»Nicht«, flüstert die Ohnmächtige, »nicht aufhören!«

»Gleich, gleich!«

Der Lehrer ist mit zwei Schritten an der Tür, sperrt zu, kommt zurück, schnauft aufgeregt, und Peperl sieht wie er seinen dicken, großen Schweif aus der Hose zieht und ihn an ihre halbjungfräuliche Votze ansetzt.

Ah, denkt sich die Peperl, jetzt werd ich endlich gevögelt! Ganz still hält sie, und der junge Mann versucht seinen Riesenschweif in die enge Fut zu bohren. Peperl spürt ihn zuerst angenehm. Sie ist so aufgeregt, daß sie alles über sich ergehen lassen will. Dann aber, als er so richtig ansetzt und eindringen will, durchzuckt sie ein so heftiger Schmerz, daß sie zurückzieht und schreit: »Nein, nein . . . nein, das halt ich ja nicht aus.«

Ihre Hand sucht vergebens ihre Fut zu schützen. Der Mann schiebt brutal ihre Hand weg und versucht, sich mit Gewalt Eingang zu verschaffen. Aber sie hält nicht still, es tut zu weh. Dieser Riesenschwanz hätte ja eine alte Hur voll ausgefüllt. Peperls unbefahrene Fut kann diesen Tremmel in seiner Dicke nicht aufnehmen.

»Wart«, schnauft der junge Mann. Er scheint fast die Besinnung verloren zu haben. »Ich werd schon noch reinkommen, ich muß diese enge Fut erst mit dem Finger anbohren, dann tut es nicht mehr so weh.«

Er ergreift das Mädchen ziemlich brutal, hebt es hoch und legt es auf den ledernen Sprungbock. So kann sie sich fast nicht rühren, ohne daß sie hinunterfallen würde. Er schiebt ihre Beine weit auseinander und sie ist jetzt so dem Ansturm des wahnsinnigen und geilen Liebeszapfen des Lehrers schutzlos preisgegben.

Angst steigt in ihr auf, aber die Neugierde, was jetzt kommen soll, siegt doch.

Ein letztes, »bitte Herr Lehrer, tuns mir nicht weh«, aber sie kann die Beine nicht mehr schließen. Der Lehrer, der jetzt nicht mehr würdig ausschaut, dem das Haar in das gerötete Gesicht hängt, macht erst einmal seinen kleinen Finger naß und beginnt das so aufreizende Löchlein anzubohren. Erst geht es ganz leicht, denn Peperl selbst hat es ja schon einmal versucht und hat so ein klein wenig den Weg gebahnt. Dann aber, als der Lehrer wohl schon halb von Sinnen, es mit dem Zeigefinger versucht, geht ein scharfer Schmerz durch Peperls Körper und sie entwendet sich den groben Händen, die ihr so weh tun.

»Still bleibst jetzt!«

Der Lehrer wird wütend, und er hält das Mädchen eisern fest, macht einen raschen Vorstoß, und schon steckt sein dicker Finger bis an die Wurzel in ihrer Fut.

»Au... au... auuuuu...«

Fast vergehen ihr vor Schmerz die Sinne, und sie wäre beinahe wirklich ohnmächtig geworden. Doch als er den Finger herauszieht, kommt ein ›Ahhh‹ über ihre Lippen.

»Na also!«

Der Lehrer ist befriedigt und zeigt ihr den blutigen Finger. »Jungfernblut«, sagt er. Sie weiß gar nicht mehr wie ihr ist, sie ist ganz außer sich. Hören und Sehen vergeht ihr, der ganze Turnsaal dreht sich vor den Augen. Plötzlich spürt sie etwas Großes, Dickes und Warmes an ihrem Loch. Sie spreizt die Beine noch mehr, und dann ist ein riesiger, entsetzlicher, kaum auszuhaltender Schmerz da. Sie zuckt zurück, wirft sich herum und will diesem Schmerz entgehen. Sie glaubt ihre letzte Stunde ist gekommen, und der Lehrer wird sie jetzt bei lebendigem Leibe mit seinem großen Stachel durchbohren. Da spürt sie auf einmal ein Nachlassen des Schmerzes, und etwas Heißes rinnt über ihren Schenkel.

»Ach Gott«, stöhnt der Lehrer, »das hat so lange gedauert und ist mir so schnell gekommen, daß ich dich gar nicht vögeln hab können. Du bist eben noch zu jung, du kannst eben noch nicht richtig vögeln!«

»Ich könnt schon«, sagt die Peperl, denn sein Vorwurf trifft sie hart, »aber bitte ihr Schwanz ist halt viel zu groß!«

»Nein mein Schwanz ist schon richtig, aber dein süßes Votzerl ist noch zu eng. Entjungfert hab ich dich, aber leider nur mit dem Finger, das ist ja nur halb und beinahe gar nicht gewesen. Dabei hast du ein so süßes Futerl. Das hätt ich wissen müssen, dann hätt ichs mit einem festen Stoß getan und wenn ich dich zerrissen hätt! Ja, bei so einem schönen Futerl, da verliert man ja fast den Verstand!«

»Ist sie wirklich so schön?« fragt die Peperl geschmeichelt, und obwohl ihr nicht zum Lachen zu Mute ist, zwingt sie sich doch den Lehrer anzulächeln. Der Lehrer ist begeistert.

»Ich hab überhaupt so was Vollkommenes noch nicht gesehen. Das wird einmal eine Fut, von der ganz Wien reden wird.«

»Das ist leicht möglich«, sagt die Peperl stolz, »meine Mutter war eine Hure, und ich werde auch einmal eine Hure!«

»Du wirst keine Hure!«

»Und ich werd doch eine!«

»Du wirst keine, sag ich dir, weil du ja schon eine bist. Du süße kleine Hure. Sag mir einmal, wieviel Männer hast du denn schon über dieses entzückende Futerl gelassen? Ha? Sags schon!«

»Na, ein paar halt«, gibt die Peperl frech zur Antwort.

»Und was haben die gemacht?«

»Mit dem Finger gespielt und geschleckt haben sie mich auch«. Der Lehrer ist aufgeregt, und Peperl sieht ihn amüsiert an.

»Wo haben sie dich geschleckt?«

Auf einmal geniert sich die Peperl vor dem Lehrer das Wort ›Fut‹ auszusprechen und so sagt sie: »Na, halt da an meinem Dings!«

Der Lehrer aber ist begierig von den jungen Mädchenlippen gerade dieses Wort zu hören und so drängt er weiter: »So sag mirs doch!«

»Bitte, Herr Lehrer, ich schäm mich vor Ihnen.«

»Na, geh sag mirs schon, ich bitt dich recht darum.«

»Nein bitte, ich schäm mich doch so sehr.«

Sie versteckt die Augen in der Hand, bleibt aber weiter aufgedeckt mit gespreizten Beinen liegen. Der junge Mann wird immer erregter, er will unbedingt das Wort hören und er bittet: »So sag mirs doch endlich!«

»Nein!«

»Wenn du mir das nachsagst, was ich dir vorsage, bekommst du von mir einen Schilling.«

»Einen Schilling?!«

Peperl ist begeistert. Was kann man nicht alles für einen Schilling kaufen! Sie hat noch nie so ein Vermögen besessen, und so erklärt sie sich sofort einverstanden.

»Was soll ich denn nachsagen?«

»Sag schön: Ich bin eine kleine Hure, und die Männer haben mir meine süße schöne Fut ausgeschleckt und mit den Fingern an meinem Kitzler herumgespielt, bis es mir gekommen ist.«

Peperl sagt natürlich in Hinblick auf den Schilling alles gehorsam nach. Der Lehrer ist begeistert und Peperl meint jetzt schon ganz geschäftstüchtig: »Bitte Herr Lehrer, geben Sie mir jetzt den Schilling.«

Der Mann gibt ihr lachend die Münze, und Peperl sagt: »Bitte Herr Lehrer, wenn Sie mir noch einen Schilling geben, sag ich noch was.«

»Na, ich werd sehen. Also schieß los.«

»Nicht nur die Männer haben meine süße Fut ausgeschleckt, sondern ich hab auch die schönen festen Schwänze in den Mund genommen und daran gesaugt, bis mir der Samen in den Rachen gespritzt ist!«

Der junge Mann wird dunkelrot und gibt mit Begeisterung der Peperl den zweiten Schilling.

»Möchtest du nicht auch meinen Schwanz in den Mund nehmen und mit deinen Kirschenlippen so lange bearbeiten, bis es mit meinem Schwanz auch so geht und er spritzt?«

Jetzt ist die Peperl in ihrem Element.

»Warum nicht, aber was krieg ich dafür?«

»Du bist wirklich eine perfekte Hure! Jetzt hab ich dir doch schon zwei Schilling gegeben, dafür kannst du schon meinen Schwanz zum Fließen bringen!«

»Nein, ich muß erst noch mehr Geld haben«, sagt sie trotzig.

Der Lehrer schäumt und will jetzt mit Gewalt das Mädchen zum Schlecken bringen, denn sein Schwanz ist bei dem Gespräch schon ganz steif und dick geworden.

Peperl sieht ihm in das gerötete Gesicht, sieht die verlebten Züge und die Gier in seinen Augen, da plötzlich ekelt ihr. Unwillkürlich muß sie an den viel schöneren Kukilo denken.

Rasch schwingt sie ihre Beine über den Lederbock, der Lehrer erhascht sie nicht mehr. Mit einem Satz ist sie bei der Tür.

»Ich könnt schon, wenn ich möcht«, sagt sie lachend, »aber ich mag nicht. Ich geh jetzt zu einem, den ich mag, und wenn er will, darf er mich pudern, wenns auch noch so weh tut und er mich zerreißt! Und schlecken werd ich den, wo er will und so oft er will.«

Sie macht einen kleinen Knicks.

»Küß die Hand und sonst noch was Herr Lehrer und jetzt können sie sich einen herunterreißen, wenn Sie's nimmer aushalten.«

Schnell dreht sie den Schlüssel um und ist bei der Tür hinaus. Perplex steht der Lehrer da und starrt ihr nach . . .

Das wird eine richtige Hur, ja, ja, so fängt es an.

3

Seit einer Stunde sitzt die Peperl auf einer Bank der Gürtelallee und starrt über die Straße auf das Friseurgeschäft des Herrn Ferdinand Kukilo. Bewundernd sieht sie in der Auslage die wächsernen Büsten, die Frisuren in allen Farben und Ausführungen, die zur Schau stehen. Herr Kukilo ist ein Künstler in seinem Fach. Ob wohl nur in seinem Fach? Peperl denkt an ihn und hat plötzlich den Wunsch, er möchte seine gepflegte Hand unter ihr Dirndl stecken und an ihrer Fut spielen. Peperl ist regelrecht verliebt in ihn, doch sie kann sich dieses Gefühl nicht recht erklären. Sie weiß nur eines, daß es sie so unheimlich zwischen den Schenkeln zu jucken anfängt, wenn sie an ihn denkt. Rechts und links vom Friseurladen sperrt man schon die Geschäfte ab, nur beim Herrn Kukilo ist noch Licht. Peperl sieht, daß er seine letzte Kundschaft rasiert. Mit einem plötzlichen Entschluß steht sie auf, schlendert über die Straße und taucht eben in dem Augenblick auf, als der Lehrbub der Kundschaft den Rock abbürstet.

»Küß die Hand, Fräulein«, dienert der Lehrbub.

Schon ist Herr Kukilo da, schiebt den Lehrbub weg und wendet sich selbst an die Peperl.

»Einen Moment Fräulein«, sagt er lächelnd, »ich bediene Sie sofort. Mach daß du weiterkommst, Franzl, du kommst sonst zu spät in die Fortbildungsschule. Das Geschäft sperr ich schon selber zu.«

Eilig verschwindet der Bub. Herr Kukilo läßt vor den Fenstern die Rolladen herunter und versperrt die Tür.

»Es ist nur wegen dem Wachmann«, sagt er erklärend, »Sie bediene ich auch nach Geschäftsschluß, Fräulein.«

Peperl sitzt beklommen auf der Polsterbank und sieht zu, wie er flink hantiert. Es würgt sie jetzt doch ein bissel im Hals, am liebsten möchte sie wieder draußen auf der Straße sein. All ihre Frechheit ist mit einmal weg. Sie hat sogar ihre Hand aus der Kleidertasche genommen und sie brav in den Schoß gelegt.

»Und womit kann ich dienen, mein Fräulein?«

»Ich ... ich wollte nur fragen, was das Haarschneiden kostet«, stottert sie befangen.

»Für Sie gar nichts mein Fräulein ... nur einen Kuß!«

Die Peperl lächelt blöde, alle ihre Sicherheit ist verschwunden, sie steht auf.

»Also geh ich wieder!«

»Aber mein Fräulein, davon kann ja keine Rede sein, ich bin froh, daß Sie da sind. Ich sah Sie jeden Tag, und immer hab ich mir gewünscht, Sie sollten meine Kundschaft werden.«

Herr Kukilo setzt sich auf die weiche Polsterbank, greift nach Peperls Hand und zieht die sanft Widerstrebende neben sich.

»Gefällts Ihnen nicht bei mir, Fräulein?«

»Oh ja, es ist ein sehr schönes Geschäft.«

Peperl fühlt sich auf einmal sehr matt und müde, ihr ist, als wäre sie eben aus einem sehr heißen Bad gestiegen. Herr Kukilo, erfahren mit Mädchen, wendet mit seiner gepflegten Hand ihr Gesicht zu sich.

»Sie sind das hübscheste Mädel, das ich jemals gesehen hab«, sagt er leise.

Peperl ist tief beglückt, ihre großen strahlenden Augen hängen anbetend an dem Gesicht des Vorstadtkavaliers.

Herr Kukilo zieht die Peperl an sich, die keine Kraft mehr hat sich zu wehren. Sie fühlt den warmen roten Mund, von dem sie schon so viele Nächte geträumt hat, auf ihren Lippen brennen und versinkt in ein Meer von Seligkeit. Sie küßt ihren ersten wahrhaft reinen Kuß und weiß nicht, daß dies vielleicht auch der letzte in ihrem Leben sein wird. Peperl ist verliebt, wie nur ein junges, frühreifes Mädchen verliebt sein kann. Und wie gesagt, Herr Kukilo ist nicht nur als Friseur ein Meister, er versteht es auch mit einem so verliebten Mädel umzugehen.

Zu einer unfruchtbaren Liebschaft hat aber Herr Kukilo weder

Zeit noch Lust. Er will das Blümchen, das sich ihm darbietet, mit allem Dazugehörigen pflücken und sich bei diesem Mädel endlich wieder einmal so richtig auslassen, er will sie in allen Lagen vögeln. Er weiß ja nicht, daß die Peperl noch eine halbe Jungfrau ist.

Geschickt neigt er sich über Peperls Hals, öffnet die Knöpfe des Dirndlkleides und die Achselspangen des Hemdes. Ihre schöne junge Brust mit den rosigen Wärzchen liegt in seiner Hand. Die zarten jungen Brüstchen versengt er mit gierigen, heißen Küssen.

In Peperl bricht etwas Neues auf: Die Liebe ohne Gier! Sie spreizt nicht die Schenkel, nein, sie schließt sie ganz dicht, sie ist nur noch von einer reinen Flamme durchglüht. Sie will sich nicht freiwillig hinschmeißen, sie will mit Liebe genommen werden, sie will sich schenken, sie ist plötzlich schamhaft und unendlich rührend. Sie läßt alles mit sich tun, sie schließt die Augen. Nur seine seligmachenden Lippen will sie auf den ihren spüren. Sie denkt gar nicht, daß noch etwas anderes nachkommen könnte.

Herr Kukilo streift mit sanfter Hand das Kleid gänzlich herunter, legt die Mädchengestalt auf die weiche breite Polsterbank und überschwemmt den Körper mit heißen Küssen.

Peperl liegt still da, alles in ihr ist Liebe, selige Liebe, sie möchte weinen vor Glück.

»Geh Mauserl, gib die Fusserln auseinander.«

Herrn Kukilos Stimme ist warm und zärtlich, und Peperl tut bereitwillig, was er verlangt. Seine schmalen Finger streicheln kosend ihre Fut, und Peperl stöhnt auf in nie gekannter Lust. Sie zieht seinen wohlriechenden Kopf zu sich herunter, küßt ertrinkend seinen Mund und fühlt heiß und wühlend seinen Finger an ihrem Vötzchen. Alles darf er machen, alles was er will, nun da sie bei ihm ist, den sie liebt.

Suchend bohrt sein Finger in ihrer Fut, und er ist froh, daß er einen Weg findet. Herr Kukilo liebt die Jungfrauen nicht, er ist lieber der zweite als der erste. Seine Ansicht ist, daß man eine Jungfrau nicht so leicht mehr loswerden kann.

»Schatzerl, gib die Fusserln noch weiter auseinander, ich kann net hinein ... so ists recht ... ists gut, wenn ich mit deinem Votzerl spiel ... sag ists schön ... mein Mauserl?«

»Guuut ...« haucht Peperl mit vergehender Stimme.

»Ich werd dich ein bisserl wetzen, mein Mauserl. Ja, mit dem Schweiferl ein bisserl pudern, mein Katzerl. Das wird deinem Futerl, deinem schönen, bestimmt sehr gut tun!«

»Ja«, haucht sie und ist im siebenten Himmel.

»Na, dann sag schön: Bitte Ferdi puder mich.«

»Bitte Ferdi puder mich.«

Herr Kukilo will sich rasch ausziehen, aber Peperl läßt ihn nicht los. Sie kann weder seinen heißen Mund auf ihren Lippen, noch seinen streichelnden Finger in ihrer Fut entbehren. So läßt er halt mit der einen Hand die Hose herunter und mit der anderen fingerlt er sie weiter. Peperl stöhnt: »So komm doch endlich ganz zu mir!«

Nackt schwingt sich Herr Kukilo über das nun doch zitternde Mädchen, greift nach einem Polster und schiebt ihn unter ihren Hintern.

»So«, sagt er ihr zuredend, »jetzt gib die Fusserln so weit auseinander, als du kannst und halt dir mit den Handerln das Futerl auseinander.«

Mit bangem Herzen tut Peperl gehorsam wie ihr geheißen. Geschickt setzt Herr Kukilo seinen weißen, dünnen Stengel an Peperls halb gebohrtes Loch, macht einen Ruck und ist drinnen.

Peperl stößt einen spitzen Schrei aus. Der Schwanz rast wie ein Messer durch ihren Leib. Dann wimmert sie leise.

»Jetzt werd ich dich schön langsam pudern, mein Mauserl, immer schön langsam.«

Herr Kukilo zieht seinen Schwanz fast ganz heraus und stößt ihn wieder behutsam in Peperls Fut.

»Ein gutes Schwanzerl, gelt mein Mauserl. Sag schön, daß er gut ist, der brave Schwanz.«

»Gut, sehr gut!«

Der Schmerz ist vergessen. Herrn Kukilos Schwanz ist dünn, und der tut ihr gut. So unendlich gut, nach all den vorhergegangenen Versuchen des Lehrers. Mit Schaudern denkt sie einen Moment an dessen Riesenschwanz. Jetzt spürt sie nur noch die gleichmäßi-

gen Stöße des Ferdi. So möchte sie in alle Ewigkeit weiter vögeln!
»Gut«, sagt sie und gibt den ersten Kontrastoß in ihrem Leben.
»Ah, wie gut das tut, mein Mauserl. Tu nur schön zurückstoßen. Du hast eine feine Votz, meiner Seel, dich werd ich öfters vögeln. Soviel gut ist dein enger Liebesschlund.«
Herr Kukilo faßt die Peperl am Hintern und hebt sie hoch, so kann er noch fester remmeln.
»Ah, das ist ja noch besser«, schreit die Peperl. »Ah, dein Schweif dein guter, stoß, stoß nur fester, mein lieber Ferdi. Ach, ich spür jetzt nur mehr Gutes und keinen Schmerz mehr. Ach Ferdi, tu mir die Dutterln zuzeln! Ich bitt dich vergiß auf die Dutterln nicht!«
»Da kann ich net dazu, Mauserl. Aber wart, ich mach was anderes mit dir.«
Er nimmt Peperls Arsch in eine Hand und mit der zweiten spielt er sanft an Peperls Kitzler, während er heftig weiter stößt.
Peperl schreit vor Wonne auf, und der brave Ferdi remmelt, daß ihm der Schweiß herunterrinnt.
»Zerreißen möcht ich dein Futerl. Gibs nur richtig her und stoß fest dagegen. Gleich wirds mir kommen. Ach, so ein Futerl, mein Mauserl, stoß ... jetzt ... fest ... ah ... jetzt spritz ich ... ah ... ah ... ah ... !«
Ferdi konnte nur noch stöhnen und brüllen, dann spritzte er eine volle Ladung in Peperls brennende Fut, stieß noch und noch in dieses kleine Loch und sank dann mit einem tiefen Seufzer auf das bebende Mädchen.
Peperl wußte nicht, wie ihr geschah. Der Schwanz schien immer größer zu werden, doch es war die Füllung, die sie vom Ferdi bekommen hatte. Für einige Zeit lagen sie so still aufeinander. Endlich löste sich der Ferdi von ihr. Peperl selbst blieb wie zerschlagen liegen.
Als sie wieder die Augen aufschlägt, steht Herr Kukilo vor dem Rasierbecken und wäscht sich seinen Schwanz. Mißbilligend sieht er auf die paar Blutstropfen.
»Du warst ja noch eine Jungfrau, Peperl. Warum hast du mir das nicht gesagt?«
Peperl schweigt und birgt ihr Gesicht in den Händen. Sie mag

jetzt nicht reden, sie ist so glücklich. Herr Kukilo versteht sofort, er will dem Mädchen die Illusionen nicht nehmen. Er setzt sich neben sie auf die weiche Polsterbank und streichelt ihren nackten Körper, ihr volles braunes Haar und küßt sie sanft auf Mund und Augen.

»Kommst du jetzt öfters zu mir, mein Mauserl, ja?«

Peperl nickt. Natürlich wird sie kommen, am liebsten möchte sie überhaupt nicht mehr weggehen. Eng schmiegt sie sich an ihren Ferdi und schiebt ihre Fut ganz nahe an seine Hand heran.

»Nein Mauserl, so viel auf einmal könnt dir schaden, das hält so eine kleine Fut auf einmal nicht aus.«

»Oh nein, das macht mir gar nichts.«

Er ist erstaunt und fragt: »Wie kannst denn du das wissen, du warst doch noch eine Jungfrau?«

Peperl wird rot vor Verlegenheit. Herr Kukilo schiebt aber ihre braungebrannten Schenkel auseinander und betrachtet prüfend ihre Fut, in der blutigrosiger Schaum steht. Sorgsam wischt er alles weg.

»Gevögelt hast du noch nicht, das seh ich, aber da hat sich schon allerhand getan. Geh, erzähl mir einmal.«

Peperl mag nicht recht, aber unter den beharrlichen Fragen rückt sie dann doch mit der Wahrheit heraus. Sie erzählt vom Rudi, von den Burschen im Währingerpark und verschweigt auch nicht ihr Erlebnis mit dem Turnlehrer. Diese Erzählung regt sie merkwürdig auf. Sie verliert plötzlich alle Scham vor Kukilo und erzählt auch von den zwei Schilling, die ihr der Lehrer geschenkt hat. Da aber wird Herr Kukilo lebhaft. Seine Augen beginnen zu glänzen, begeistert drückt er das Mädchen an sich.

»Du bist ein Fund«, jubelt er auf. »Du bist eine perfekte Hure, mit dir werd ich was aufstecken.«

Peperl fühlt sich geschmeichelt.

»Meine Tante sagt immer, daß ich erblich belastet bin, denn meine Mutter war die größte Hure von Wien. Sie hat damit schweres Geld verdient. Ich hab auch eine Hur werden wollen, aber jetzt will ich nimmer. Jetzt laß ich mich nur noch von dir pudern, Ferdi, weil ich dich so viel gern hab.«

»Das wär das dümmste, was du tun könntest«, antwortet Ferdi und spielt nachdenklich und zerstreut an Peperls Kitzler.

»Du sagst, deine Mutter war eine berühmte Hure? Wie hat sie denn geheißen?«

»So wie ich: Josephine Mutzenbacher!«

»Jössas, die Mutzenbacherin war deine Mutter? Von der gibts ja a ganze Literatur. So ein Fund, so ein Fund!«

Herr Kukilo kann sich vor Freude nicht fangen. Dicht neben die Peperl setzt er sich, und während seine Hand an ihrer Fut spielt, setzt er ihr seine Absichten auseinander.

»Hör zu Mauserl. Du und ich wir reißen der Welt ein Loch. Wir werden einen Haufen Geld verdienen! Deine gierige Fut wird berühmter werden als die von deiner Mutter. Das wird ein Aufsehen geben, wenn ich die Tochter von der Josephine Mutzenbacher auf den Markt bring! Die Männer werden sich nach deiner Fut reißen. Zahlen werden sie, daß ihnen die Schwarten krachen. Ich werd dich ausbilden, mein Mauserl, auf mich kannst du dich verlassen.«

Der feine Herr Kukilo denkt natürlich nur an seinen Verdienst, er wird aber die Rechnung ohne den Wirt, in diesem Falle ohne die kleine Peperl, machen.

»Ja, aber ich mag doch nur dich pudern lassen.«

»An Schmarrn«, wehrt Herr Kukilo ab. Als er ihr betrübtes Gesichtchen sieht, lenkt er aber schnell ein: »Natürlich werd ich dich so oft pudern, als du willst. Du bist mein liebes kleines Mauserl, und wir werden uns immer gern haben.«

Seine Gedanken sind aber weit weg. Er denkt nur an das große Geschäft, an das viele Geld, das er mit ihr verdienen will.

»Wenn ich gewußt hätte, wer du bist, meiner Seel, ich hätt dich nicht gepudert. Deine Jungfernschaft hätte ich teuer verkauft. Na ja, geschehen ist eben geschehen.«

»Wirst du mich denn dann noch mögen, wenn ich auch die anderen Männer pudern laß und ihnen die Schwänze aussaugen werde? Nur du hast ja so einen guten Schwanz, der zu mir paßt und bei dem es mir jetzt nicht mehr weh tut.« Peperl ist ganz traurig.

»Red keinen Blödsinn! Je mehr du puderst, um so mehr Geld wirst du verdienen und dann hab ich dich immer lieb. Aber jetzt paß gut auf, die Puderei, das Schlecken und das Fingerln mit den blöden Ottakringer Buben hört natürlich sofort auf, verstanden?«

Peperl nickt folgsam.

»Du wirst dorthin gehen, wohin ich dich schick und wirst das machen, was ich verlang und sonst gar nichts! Ich werd dich nachher dafür immer schön langsam ficken, so wie du es gern hast und auch immer, wenn du willst. Aber nur zur Belohnung, wenn du brav bist und Geld bringst. So und nun geh jetzt schön nach Hause. Morgen Nachmittag um halb vier bist du wieder bei mir.«

»Soll ich mich schön anziehen?«

»Nur das nicht! Genau so, wie du jetzt bist, und daß dir net gar die Haarspangen raufgibst oder die Haar brennst.«

Peperl schlüpft gehorsam in ihr fadenscheiniges Kleid. Gönnerhaft reicht ihr der Ferdi noch einmal zum Abschied seinen dünnen weißen Schweif.

»Da hast ihn, darfst ihm noch ein Busserl geben, weil so brav bist.«

Sie küßt hingebungsvoll die Friseurnudel, dann läßt sie Kukilo aus der Tür treten. Zufrieden sieht er ihr nach, wie sie mit ein wenig müden Schritten davontrippelt. Er schlägt seinen Arbeitsmantel fest um seinen nackten Körper.

»Das wird eine Hur!«

4

Sonntagnachmittag biegt die Peperl punkt halb vier Uhr bei der Schellhammergasse um die Ecke. Herr Kukilo steht in einem eleganten Sommeranzug mit duftig pomadisierten Locken vor seinem Geschäft und lächelt Peperl entgegen. Gemeinsam gehen sie dann den Gürtel hinauf, der Währinger Cottage zu, und dabei gibt er der Peperl weise Lehren.

»Mach mir keine Schand, mein Mauserl. Wir gehen jetzt zu einem Herrn, der deine Mutter schon im Bett gehabt hat. Wie er gehört hat, daß jetzt ihre Tochter zu haben ist, war er gleich außer Rand und Band. Er wird dir fünfzig Schilling geben, die du dann bei mir ablieferst, verstanden? Dafür werd ich dir dann dein süßes Löcherl richtig hernehmen und ausfeilen, daß du es noch Stunden später spüren wirst.«

Peperl nickt. Sie wird alles tun, nur damit dieser schöne, hochelegante Herr Kukilo lieb zu ihr ist.

»Und nachher kommst gleich zu mir. Aber paß auf, der Herr Graf, zu dem du jetzt gehst, ist ein alter Sauhund. Du darfst dich nicht genieren, verstehst, du mußt alles tun, was er verlangt. Am liebsten hört er ganz grobe und derbe Worte. Du mußt also immer Fut sagen, denn Votz ist ihm schon zu fein. Überhaupt mußt du so ordinär sein, wie du nur kannst. Er hat es eben gern und zahlt dafür.«

»Soll ich so ordinär sein, wie auf der Gasse bei den Buben?«

»Noch mehr, Mauserl. Du bist ja ein gescheites Kind und wirst schon begreifen, was er will.«

»Pudern soll ich ihn auch lassen?«

»Vielleicht, vielleicht auch nicht. Wer weiß, ob der noch kann. Er ist vor allem ein Ferkel. Du läutest an der Tür. Ich glaub, er wird dir selber aufmachen. Wenn nicht, dann sagst, du mußt das Packerl dem Herrn Grafen selbst übergeben, verstehst? Dort das dritte Haus ist es. Geh jetzt schön und mach mir keine Schand. Servus Pepimauserl, kleines Hurl!«

Peperl geht zögernd auf die bezeichnete große schöne Villa zu. Dann gibt sie sich aber einen Ruck, der Ferdi soll mit ihr zufrieden sein. Sie läutet energisch. Die Gartentür öffnet sich, und vor Peperl steht ein haushoher Lakai in dunkelgrüner Livree mit blankgeputzten Knöpfen. Peperl hat so was noch nie gesehen und sie knickst und sagt schüchtern: »Küß die Hand, Herr Graf!«

Der Flaschengrüne bleibt todernst.

»Sie wünschen?«

Da begreift die Peperl und streckt das Packerl vor. »Das muß ich dem Herrn Grafen persönlich übergeben.«

»Bitte zu warten.«

Er läßt das Mädel mit ihrem verdrückten Dirndl in eine prachtvolle Halle eintreten. Peperl bleibt vor Erstaunen der Mund offen. So etwas Herrliches hat sie noch nie gesehen. So muß es im Himmel sein. Da kommt auch schon ein alter, weißhaariger Herr zur Treppe und winkt der Peperl. Schüchtern betritt das Vorstadtmädel die teppichbelegte Treppe und geht ganz langsam zu dem alten Herrn hinauf. Der Flaschengrüne ist spurlos verschwunden. Ein großer, wunderbar möblierter Salon im Stile Louis XV. öffnet sich. Peperl versteht bestimmt nichts davon, aber es gefällt ihr sehr gut. An den Wänden spannen sich herrliche Gobelins, die die Peperl magnetisch anziehen. Sie hat noch kein Wort gesprochen, und auch der alte Herr sieht sie nur wortlos an. Das Mädchen bleibt vor einem der Gobelins stehen, es zeigt Eva mit dem Apfel, da muß die Peperl unwillkürlich loskichern.

»Warum lachst du?«

Der Graf hat eine tiefe wohllautende Stimme. Peperl ist ein wenig verlegen, denn sie hat über das Feigenblatt des Adam gelacht. Doch dann erinnert sie sich der mahnenden Worte des Kukilo. Sie sieht dem alten Herrn spitzbübisch in die Augen und sagt:

»Ich hab gelacht, weil ich mir gedacht hab, daß der Herr auf dem Bild einen ganz kleinen Schwanz haben muß, sonst möcht er ihn doch nicht verstecken.«

Ein Leuchten geht über das Gesicht des Grafen und er sagt feierlich:

»Du bist die echte Tochter deiner Mutter. Sie war eine herrlich große Hure.«

Der Graf sieht prachtvoll aus. Eine hohe schlanke, vom Alter nicht gebeugte Gestalt, sanfte blaue Augen unter der hohen Stirn, ein gütiger, schmallippiger Mund zwischen dem schlohweißen Bart. Peperl sieht ihn an und plötzlich steigen ihr Zweifel auf, ob der Ferdi sie recht beraten hat. Sie kann es nicht glauben, daß sie so ordinär sein soll. Aber gleich wird ihr Zweifel beseitigt sein. Der Graf winkt der Peperl zum Näherkommen. Er sitzt auf einer breiten bequemen Chaiselongue, und sie steht erwartungsvoll vor ihm. Er hebt langsam ihr Röckchen bis zum Nabel, dann tippt er auf ihr Mittelstück und fragt:

»Was hast du denn da, kleine Mutzenbacherin?«

»Das bitte«, antwortet die Peperl frisch von der Leber weg, »das bitte ist meine Fut.«

»Ausgezeichnet, wie du das weißt«, lobt der Graf, »und was gehört da hinein?«

»Da gehört ein großer, dicker und geiler Schwanz hinein!«

»Und was noch?« examiniert er weiter.

Peperl ist verwirrt, denn ihrer Meinung nach gehört ein Schwanz in die Fut, aber da erinnert sie sich und sie sagt: »Die Zunge oder die Finger.«

»Brav! Und was tut der Finger in der Fut?«

»Fingerln, bitte!«

»Und die Zunge?«

»Schlecken und Zuzeln!«

»Sehr gut. Und was tut der Schwanz in der Fut?«

»Vögeln bitte!«

»Sehr richtig. Vögeln! Kannst du mir auch sagen, wie man das noch nennt?«

»Pudern, bitte, und wetzen!«

»Sonst weißt nichts mehr?«

Peperl denkt nach und sagt ganz eingeschüchtert: »Verzeihen bitte, aber sonst weiß ich nichts mehr.«

»Dann will ich es dich lehren. Man nennt es noch stemmen, remmeln, ficken, titschkerln und petschieren. Es gibt Leute, die sagen beischlafen oder verkehren, aber die haben keine Ahnung vom Ficken! Ich sag am liebsten ficken. Das ist ein schönes Wort, nicht wahr? Es klingt gut, wenn man sagt, daß der Schwanz die Fut fickt!«

»Ja«, sagt die Peperl zustimmend.

»Außerdem reimt es sich fast. Besser aber man sagt: Es schmeckt so gut, wenn der Schwanz fickt die Fut!«

Der Graf lacht amüsiert, seine Augen glänzen.

Die Peperl, die nun vollkommen im Bilde ist, sagt forsch: »Bitt schön, Herr Graf, meine Fut juckt mich so sehr!«

»Ach, sie juckt dich also? Was will sie denn haben?«

»Sie will, bitte, einen Schwanz haben.«

Der Graf wird traurig, und Peperl fällt ein, daß ja der Kukilo gesagt hat, daß der Graf vielleicht schon zu alt zum Vögeln ist, und sie verbessert sich rasch: »Oder eine Zunge oder einen Finger.«

»Das werden wir gleich feststellen.« Die Stimme des Grafen wird streng. »Stell dich auf die Chaiselongue hinauf!«

»Auf was soll ich mich stellen?« Die Peperl ist verwirrt.

»Na, da auf den Diwan stell dich hinauf«, lacht der Graf.

»So, jetzt heb Dein Kleid ganz in die Höh!«

Peperl ist ganz eifrig. Sie denkt im Moment nicht an das Geschäft, sie denkt nur daran, daß jetzt ihre Fut eine vergnügliche Sache bekommt.

»Bitte, soll ich auch die Dutteln zeigen?«

»So du welche hast, dann zeig sie nur her.«

Peperl steht mit gespreizten Beinen an die Lehne gelehnt, und der Graf versenkt seine gepflegten Finger in ihrer Pforte. Er schiebt die Schamhaar weg, streichelt sanft und leise den Kitzler und bohrt ihr dann den Finger tief in die Spalte. Peperls Knie beginnen zu zittern. Sie seufzt tief auf.

»Gut«, sagt der Graf, »wirds dir bald kommen?«

»Jaaa!«

»Sag, was mein Finger tut.«

»Dein Finger ist in meiner Fut«, sagt die Peperl frech.

»Du darfst mit mir nicht per ›du‹ reden, du kleine Hure! Wie sagt man also?«

»Der Finger des Herrn Grafen ist in meiner Fut«, bessert sich die Peperl aus. Ihr ist es egal, was sie sagt, wenn nur der Finger sie richtig behandelt. Sanft und liebkosend streicht nun der aristokratische, standesbewußte Finger Peperls Schamlippen hinauf, verweilt ein wenig auf dem schwellenden Kitzler und bohrt sich ihr dann wieder ins Loch. Peperl wimmert vor Vergnügen. Ihr gieriges Vötzchen schnappt förmlich nach dem kosenden Finger. Der Graf ist eifrig, er sieht in Peperls Gesicht. Als er jedoch bemerkt, wie ihre Augen gläsern werden, zieht er rasch seinen Finger zu Peperls größtem Leidwesen heraus und beriecht ihn sorgfältig.

»Ah, das ist eine duftende Fut«, sagt er mit Genuß.

Als sie ihn bittet doch weiter zu machen, weist er sie barsch zurück.

»Laß mich doch deine Fut riechen!«

»Bitte«, sagt sie, »wenn der Herr Graf riechen will, dann kann er es doch besser mit der Nase tun.«

Nase und Zunge denkt sie, das ist nicht so weit auseinander und vielleicht krieg ich so dann seine Zunge.

»Du bist eine kleine Hure!« Der Graf ist eitel Bewunderung. »Du verstehst es, einen geil zu machen, du ausgefickstes Luder. Komm mit mir, ich will sehen, was ich für deine Fut machen kann.«

Und die Peperl erhofft sich jetzt endlich einen ausgewachsenen Fick.

Er öffnet eine Tür, geht durch ein großes, elegantes Schlafzimmer, dessen breites Bett Peperl den Atem verschlägt, in ein weiß gekacheltes Badezimmer. Vor der großen Marmorwanne steht eine bequeme breite Lederbank.

Peperl hofft, daß es nun endlich los geht. Doch der Graf unterbricht ihre Gedanken.

»Zieh dich nackt aus und leg dich auf die Bank, kleine Mutzenbacherin.«

Peperl tut es und spreizt sofort die Schenkel. Ja, sie tut noch ein übriges und zieht mit ihren Händen die Schamlippen weit auseinander, so daß die junge Votze offen vor den gräflichen Augen liegt. Lange und andächtig betrachtet der Graf das saftige Stückchen.

»Deine Mutter hat dieselbe Fut gehabt wie du«, sagt er dann anerkennend. »Ich werde dich jetzt reizen, bis du schreist vor Lust, aber fertig mach ich dich nicht. Ich werde dich nicht ficken, denn mein Schwanz ist viel zu vornehm für deine dreckige Fut. Nein, ich werde dich mit meinem vornehmen Schwanz nicht ficken. Das Äußerste was ich tun kann ist, daß ich dir die Fut ausschlecken werde, verstehst du?«

»Ja, ja.«

Die Peperl denkt sich, daß er statt so viel zu reden, nun endlich anfangen soll. Was für blöde Redereien. In der Zeit hätte er schon zweimal vögeln können und alles wäre in Butter gewesen. Statt dessen steht er da, schaut ihre Fut an und rührt keinen Finger. Peperl ist sehr enttäuscht und breitet ihr Vötzerl noch einladender aus.

»Kleine Mutzenbacherin, deine Fut ist süß. Jetzt werd ich sie dir ausschlecken, dich geil machen, daß dir Hören und Sehen vergeht.«

Na, endlich, denkt sich die Pepi.

Mit einem Ruck schiebt er das Mädchen von der Bank und legt sich selbst hin.

»Hock dich über mich.«

Die intelligente Peperl versteht. Sie hockt sich mit ihrer Fut direkt auf seinen Mund, daß sie der Bart angenehm kitzelt.

»Ein bisserl mußt du dich aufheben, damit ich auch zu deinem hinteren Loch komme. Jetzt wirst du ausgeschleckt, ein Zungenschlag für die Fut und einen Zungenschlag für den Arsch. Aber wehe, wenn du spritzt! Ich mach keine Frau so fertig, nach mir muß sich jede sehnen, ich befriedige niemals eine zur Gänze. Dann kommen sie alle wieder, weil jede glaubt, einmal werd ich sie doch spritzen lassen. Ich lasse mir aber von so einer dreckigen Fut nicht in meinen vornehmen Mund spritzen. Nein, nein, das laß ich mir nicht!«

Kunstgerecht schleckt er abwechselnd Peperls Fut und Arsch, wie er es versprochen hatte. Peperl denkt sich dabei, ich laß ihn reden,

den alten Esel, und ich werd doch spritzen, er wird es gar nicht merken. Aber er merkte es doch. Peperl kann das wollüstige Stöhnen nicht unterdrücken und tiefer senkt sie sich auf das gräfliche Gesicht, daß ihr Kitzler fast an seinem Mund ist. Im letzten Moment wirft sie der Graf von ihrem guten Platz und Peperl stöhnt enttäuscht auf. Doch der Graf ist gar nicht so hartherzig, wie er tut, er will nur sehen, wie die Peperl spritzt. Er legt sie flach auf die Bank und macht sie mit dem Finger fertig. Die Pepi reißt ihre Schenkel ganz weit auseinander, sie stöhnt und japst nach Luft, sie kann es nicht mehr aushalten, wirft den Bauch in die Höhe und endlich, endlich quillt es erlösend aus ihr. Vergehend vor Lust sinkt sie zusammen, während der Graf seinen Finger tief in ihre Fut bohrt.

»So Mutzenbacherin, hast du gut gespritzt? Ja, ich kann eben noch Frauen befriedigen ... hat es dir gut geschmeckt?«

»Ja, Herr Graf.«

»Wirst du deine Fut nun öfters zu mir bringen?«

»Ja, gern Herr Graf.«

»Nun, dann werde ich dich vielleicht einmal auch der Ehre für würdig erachten und dich mit meinem Schwanze ficken.«

»Ja, Herr Graf.«

»Da hast du was, kauf dir Seidenstrümpfe dafür.«

Der Graf nimmt aus der Brusttasche ein paar Banknoten, rollt sie zusammen und steckt sie der atemlosen Peperl in die Fut. Während sich die Peperl anzieht, spricht er kein Wort mehr. Erst als er sie zur Haustüre führt, sagt er leise mahnend: »Bis zum nächstenmal.«

An der Ecke Sternwartestraße-Gürtel wartet Herr Kukilo. Peperl saust atemlos die Straße hinunter, von weitem schon zeigt sie die Banknoten, die sie fest in der Hand hält. Würdevoll nimmt sie Herr Kukilo entgegen und zählt mit freudigem Erstaunen sogar sechs Noten zu 10.— Schilling. Zufrieden lächelt er und tätschelt Peperls Wangen. Er kauft ihr zur Belohnung in der Konditorei um 50 Groschen ein Gefrorenes. Da strahlt die Peperl und ist tief beglückt. Nicht nur, daß ihr Votzerl ein Vergnügen hatte, sie darf jetzt auch noch naschen. Sie weiß wohl den Wert des Geldes zu schätzen, aber nur wenn es Münzen sind. Einen oder zwei Schilling hätte sie vielleicht schwer aus der Hand gegeben, aber die Papierln sagen ihr gar nichts. Um so mehr aber sagen diese dem Herrn Kukilo zu, und er steckt sie schnell in seine Tasche und betrachtet liebevoll das naschende Mädchen. Kukilo ist sich im klaren darüber, daß er hier das Geschäft seines Lebens erwischt hat. Das Mädel wird ihm noch riesige Summen bringen, und nicht jeder ist so ein Schmutzian wie der Graf. Für irgendein hübsches Mädel würde er ja auch große Beträge erhalten, aber für die Tochter der Mutzenbacher, ja, das ist was ganz anderes. Schad, denkt er, daß die Mutzenbacher nur ein Kind gehabt hat, die hätt zwölf haben müssen, und alles Mädel wie die Peperl, das wäre gar nicht auszudenken!

Peperl ist nun mit ihrem Gefrorenen fertig und fragt zärtlich: »Gehn wir jetzt zu dir?«

»Ja, gehn wir.«

Unterwegs erzählt ihm die Peperl ihre Erlebnisse mit dem Grafen. Kukilo ist teilweise amüsiert und teilweise aufgeregt.

Herr Kukilo sperrt die Tür seines Ladens auf und Peperl umweht gleich der Duft von Pomaden und Toilettenwasser, der für die Peperl der herrlichste Geruch auf Erden ist. Kukilo rückt die Lederbank ganz nahe an den großen Spiegel, befiehlt der Peperl sich auszuziehen und streift selbst rasch die Hose ab. Peperl sieht beglückt seinen dünnen weißen Schwanz, der wie eine erhobene Lanze bis zum Nabel reicht. Sie stürzt sich darauf und nimmt ihn wie ein Bonbon begeistert in den Mund.

»Genug, es könnt sonst sein, daß es mir gleich kommt, und ich will dich erst richtig vögeln. Da leg dich auf die Bank und gib schon die Haxen auseinander. Na wirds, sonst geht es mir auch so schon los.«

Peperl sieht wie es in seinem Schwanz tobt und das Blut pulsiert. Sie kann es nicht lassen und greift nochmals an seine Nudel. Er wird jetzt aber grob. Peperl hat inzwischen schon viel gelernt, sie will ihn so aufgeilen, daß es ihm so kommt, sie will endlich einmal sehen, wie das Lebenswasser so dem Schwanz entströmt. Doch er herrscht sie an: »Schluß, leg dich auf die Bank.«

Peperl tut es. Kukilo spreizt mit zwei Fingern ihre Fut und stößt seinen Schwanz tief in ihr Löcherl. Peperl verdreht die Augen und gibt eifrig Kontra. Ihr ist, als wäre der geliebte und schon so sehnsüchtig erwartete Schwanz überall, im Mund, in der Fut und im Arscherl. Stöhnend ergießt sich der Ferdi in sie, und zieht seinen Schwanz gleich heraus. Als er das erschrockene Gesicht der Peperl sieht, die Angst hat, daß für sie nichts mehr übrig bleibt, meint er: »So, und jetzt kommt erst das wirklich langsame Vergnügen.«

Na endlich, denkt die Peperl, und dreht sich zu ihm um. In diesem Moment entdeckt sich die Peperl im Spiegel. Sie hat ja schon zu Hause versucht ihre Fut im Spiegel zu sehen, aber richtig gelungen ist ihr dies nie. Erstens war der Mutzenbachersche Spiegel schon alt und halb blind, und zweitens hängt er an der Wand. Sie mußte sich stehend betrachten und konnte daher nie mehr sehen als ihre Futhaare und ihren Kitzler. Nun aber liegt sie mit gespreizten Schenkeln auf dem Lederdiwan direkt vor dem klaren Spiegel. Sie sieht nun ihre Fut, ihr bräunliches Arschlöcherl, ihre rosigen Schamlippen und den aufgegeilten zuckenden Kitzler. Eine unbändige Lust diesen Kitzler zu streicheln überkommt sie. Wie ihre Finger nun hingelangen und sie das Bild im Spiegel betrachtet, regt sie das ganze noch mehr auf. Kukilo betrachtet das Spiel der geilen und gierigen Peperl und schiebt ihr sanft den Finger von ihrer Muschel.

»Du brauchst dich doch nicht selbst zu fingerln, mein Mauserl, das kann ich doch viel besser.«

»Ja, tu mich fingerln, mein geliebter Ferdi, aber laß mich zusehen.«

Herr Kuliko setzt sich in Positur, so daß er bequem der Peperl zwischen die Beine greifen kann und beginnt sanft mit Daumen und Zeigefinger den Kitzler und die Schamlippen zu bearbeiten. Sein Schwanz kommt dabei an das Gesicht der Peperl und seine bleiche Nudel klopft an ihre Stirn. Peperl spürt ein solches Lustgefühl, daß sie am ganzen Körper zittert und entzückt aufstöhnt. Sie wirft ihren geilen Arsch auf und schnappt mit den Lippen nach dem vor ihren Augen tanzenden Schwanz. Kukilo beugt sich noch weiter vor und bearbeitet wie irrsinnig den Kitzler. Seinen Schwanz gibt er ihr immer mehr zum Mund, aber ganz kann sie ihn doch nicht erhaschen, doch das will er ja gerade.

»Ferdi, Ferdi«, stöhnt sie, »soviel gut ist dein Finger, noch mehr, noch fester, tu mir weh, damit ich noch mehr spür! Nur nicht aufhören, bitte dich nur jetzt nicht aufhören.«

Nach allen Regeln der Kunst fingerlt er das schon vor Geilheit winselnde Mädchen, das sich schon nach Entspannung sehnt.

Aber er will noch mehr. »Schau nur, wie mein Schwanzerl vor deinen Augen und deinem Mund hin- und hertanzt, kannst ihn nicht ein bisserl in den Mund bringen?«

Können tut sie es ja leicht, aber er zieht ihn immer wieder weg. Doch die vor Geilheit sich windende Peperl ist ja auch nicht von gestern. Kukilo ist ihr aber doch überlegen, und immer wenn sie glaubt, es ist soweit, gelingt es ihm, den Schwanz etwas wegzuziehen. Jetzt will sie mit den Händen zupacken, aber er sagt:

»Laß das, du mußt es mit den Lippen zusammenbringen. Lerne es nur, du wirst es noch brauchen können. Tu nur schön schlecken, wenn du kannst.«

Immer wieder senkt er seinen Schwanz vor ihre Lippen, doch wenn sie mit weitoffenem Mund und weitvorgestreckter Zunge zufahren will, hebt er sich wieder. Dieses Spiel treibt er so an die zwanzigmal, und jedesmal sagt er ihr, sie soll doch endlich zu schlecken anfangen. Peperl reizt dieses Spiel schrecklich, und sie ist schon ganz geil nach diesem Schwanz, und doch kann sie ihn nicht erwischen. Herrn Kukilo reizt natürlich Peperls Geilheit noch mehr, seine Nudel wird immer größer, immer steifer, und er muß sich immer mehr heben, damit ihn die Peperl nicht erwischt. Während des ganzen Spieles hat Herr Kukilo Peperls Fut nicht einen Augenblick zur Ruhe kommen lassen. Das Mädel zittert am ganzen Körper. Nun schwingt er sich aus seinem Hochsitz, kniet neben Peperl hin und schiebt dem atemlosen Mädchen die eine Hand unter den Hintern, während er sie mit der anderen weiter bearbeitet und aufgeilt.

»Ists gut, mein Mauserl?«

»Gut«, stöhnt das Mädchen, »soviel gut!«

Peperls Kitzler ist steinhart, alles zittert an ihr. Langsam schiebt

Herr Kukilo seinen Zeigefinger in ihr Arschloch, tief und immer tiefer. Peperl hält für einen Augenblick die Luft an, doch dann bricht sie in übersinnliches Lustgeschrei aus.

»Ferdi, Ferdi, jetzt kommts mir, jetzt kommts mir endlich ... aaaaah!!!«

Diese streichelnden und bohrenden Finger machen sie wahnsinnig. Mit den eigenen Händen zieht sie sich die Schamlippen auseinander, daß es sie schmerzt.

»Noch einmal«, stöhnt sie »jetzt ... jetzt ...« Und eine zweite Welle durchjagt ihren Körper.

Der liebliche Körper wirft sich hoch und sinkt dann nieder, so als wäre eben das Leben aus ihm entflohen. Kukilo sieht aufmerksam hin, wie sich ihr zitterndes Löchlein zuckend öffnet und schließt und jedesmal ein kleiner Tropfen zum Vorschein kommt. Er will ihn ihr leise wegküssen, aber diese Berührung läßt das Mädchen nur mehr zusammenzucken. Ihr ist, als wäre in der Fut eine glühende Kohle.

»Du hast eine prima Fut, erklärt er sachverständig. »Eine sogenannte Schnapperfut. Eine Votze, die nie genug kriegt. Ja, so eine Fut, ist eine Kapitalsanlage. Mit ihr werde ich das Geld haufenweise verdienen.«

»Und du«, lächelt das Mädchen etwas erschöpft, doch nicht weniger freudig auf den nächsten Ritt, »du hast einen hochprima Schwanz.«

»Ja, den hab ich und mit dem wird ich dich jetzt auch hochprima wetzen, mein Mauserl.«

»Nein, ich will deinen Schwanz erst in den Mund nehmen.«

Er protestiert erst ein wenig, aber es hilft ihm nichts. Sie wartet gar keine Antwort ab, wirft sich auf den Rücken und faßt nach Kukilos Schwanz, den er ihr dann doch liebevoll überläßt.

Die Peperl nimmt nun diesen Stengel und, hast du nicht gesehen, verschwindet er in ihrem Mund, und es hebt ein Zuzeln und Saugen an. Doch der Ferdi verweist ein solches Beginnen und belehrt sie:

»Das mußt du ganz anders machen, Peperl. Die Nudel ist ja kein Zuckerstangerl, an dem man lutschen kann. Spiel schön sanft mit

der Zunge an der Eichel und nimm mein gutes Schweiferl in die Hand. Nicht fest zupacken, ganz sanft und leise muß man sein. Nicht so fest, nein, so ist es richtig, ja, das tut gut. Jetzt schieb die Vorhaut langsam auf und ab. Zum Schlecken darfst über die Eichel und laß dein Zungenspitzerl drinnen. Weißt, das ist nämlich so gut, wenn dein Zungerl unter der Vorhaut die Eichel leckt. Immer schön rundherum, ja immer im Kreis und dabei leicht saugen! Und jetzt die Vorhaut leicht auf- und abbewegen und immer mit der Zunge am Rand der Eichel lecken. Bleib doch im Takt, du Trampel, wie oft soll ich dir es noch sagen. Ja, das mußt du noch lernen. Also nochmals von vorn beginnen. Na also, jetzt geht es schon besser, nur fleißig üben ... aber ... oh, jetzt kannst es richtig ... mehr zuzeln ... ah ... wunderbar ... Ja Mauserl, nun ist es richtig! Oh, du schleckst mir ja das Beuschel aus ... jessas ... des ist ein Madel!«
Hingegeben folgt Peperl den Anweisungen Ferdis. Mit Genuß schiebt sie die Vorhaut auf und ab, ganz sacht und doch den Saft hervortreibend, begeistert schleckt sie an der prallen, zuckenden Eichel, sie bohrt ihre Zungenspitze in das kleine Löchlein an der Spitze dieses so wunderbaren Bonbons. Er ist außer sich vor Wonne, und als Peperls andere Hand leise über seine Eier streichelt und sein Arschloch kitzelt, da kann er sich nicht mehr halten.
»Peperl«, schreit er, ich bitt dich, hör jetzt auf, gib mir deine Fut! Ich will dich jetzt vögeln ... ja meinen Schwanz in deiner Fut zur Entladung bringen.«
Gehorsam, aber nicht gerne hört sie auf und läßt die Frucht, die ihr so sehr schmeckt, aus den Lippen gleiten. Sekunden später ist Ferdi über ihr, sein harter, zum Bersten voller Schwanz bohrt sich in die von ihr ihm hingehaltene Fut. Langsam und mit Genuß dringt er ein. Die Peperl glaubt, er kommt ihr zum Hals heraus. Er aber zieht ihn wieder sachte heraus und streicht dabei mit der Schwanzspitze über ihren Kitzler, der geil und zuckend hervorsteht, und schon ist er wieder ganz in ihr. Peperl schaudert, und sie will ihn zum schnelleren Vögeln antreiben, denn sie kann es nicht mehr lange aushalten. Sie möchte sich am liebsten ganz über seinen Schwanz stülpen. Doch Kukilo hat sich wieder etwas beruhigt.

Beim Pudern bewahrt er immer größere Ruhe als beim Schlecken.

»Gibs nur her, dein schönes Futerl, dein süßes.«

Die Peperl kontert eifrig und mit Geschick. Im Spiegel sieht sie, wie sein weißer Hintern sich rhythmisch auf und ab bewegt, sie sieht, wie sein Eiersack sanft an ihrem kleinen Arsch den Takt schlägt. Herr Kukilo läßt aber seinen Schwanz nicht stecken, er zieht ihn immer wieder ganz aus ihrer Fut um immer wieder von neuem tief hineinzustoßen. Nun aber endlich kommt auch der Ferdi in Rage. Immer schneller und schneller fliegt er auf und nieder. Peperl fühlt sich ausgefüllt von seinem Schwanz und läßt sich selig remmeln.

»Fick mich, ach fick mich«, schreit sie.

»Das ist ein Gut, das ist eine herrliche Votze! Gibs nur richtig her, die Kleine noch besser hergeben! Na wart, ich werd dich vögeln, bis dich nimmer rühren kannst. Gibs nur her, die Ehrenvotz. Mir gehört die Fut und sonst derweil keinem anderen.«

»Nur dir gehörts, nur dir!« Sie gibt Kontra, daß sie bald aus dem Takt gekommen ist. »Nur dich laß ich pudern.«

»Das ist meine alleinige Fut«, röhrt Kukilo, »die laß ich nimmer aus ... und unter hundert Schilling kommt mir da keiner drüber! Jessas Mauserl, jetzt halt die Fut ganz weit auf, jetzt kommt es mir! Was heißt hundert ... tausend Schilling muß er zahlen! Das ist sie wert, die kleine Votz ... Peperl ... Mauserl ... ach, spürsts, mir kommts ... zwick die Fut zusammen!« Schwer fällt er auf die Peperl und bleibt eine Weile atemlos liegen.

»Jetzt hast mich ausgeleert«, sagt er, während er seine Nudel wäscht. »Den letzten Tropfen hast mir ausgepreßt, du kleine Hur, nein, du du bist eine große Hur, aber ich glaub, du hast nun auch genug, was?«

Im Augenblick stimmt ihm die Peperl ja zu, aber ... Sie betrachtet im Spiegel ihre Fut.

»Jö, ist die rot, fast entzündet sieht sie aus. Ich glaub schon, daß ich genug hab, ein bisserl müd ist meine Fut schon.«

»Dann ist es das Beste, wenn du jetzt nach Hause gehst und dich niederlegst.«

Bei sich denkt er, wer weiß, vielleicht gibt es morgen für diese süße kleine Votze schon wieder Arbeit. Man darf so ein Kapital nicht brach liegen lassen. Allzulange wird dieses Loch ja nicht so klein und eng bleiben. Dann sagt er zur Peperl:

»Schad, daß du nicht ein oder zwei Schwestern hast. Ich wüßt eine Kren, aber der will nicht ein Mädel allein. Das ist wirklich zu schade.«

»Vielleicht könnt ich die Mali mitbringen«, sagt die Peperl, die gleich an das Geschäft denkt.

»Wer ist die Mali?«

»Das ist eine Freundin aus der Schule.«

»Aha, so so ...«

Herr Kukilo ist schon elektrisiert. Es kommen ihm so allerhand Gedanken.

»Ist sie vielleicht noch eine Jungfrau?«

»Ja, die hat noch keiner gevögelt. Sie läßt sich nur die Fut ausgreifen, und einmal hab ich sie gefingerlt. Aber sonst ist sie ein geiles Luder. Ob sie sich pudern läßt, weiß ich nicht.«

»Bring sie morgen mit«, sagt Kukilo entschlossen.

Peperl nickt.

»Da muß ich dir gleich was sagen. Du darfst nicht eifersüchtig sein, wenn ich sie nur einmal anschaue und ihre Fut ausprobiere.«

Peperl ist erschrocken und fragt besorgt: »Aber vögeln wirst du sie nicht?«

»Nein, ich werd mir nur die Fut anschauen und ihren Kitzler angreifen, damit ich seh, wie sie ist. Vielleicht könnt ich euch dann als Schwestern ausgeben. Sakra, das wär was, das zieht immer bei den geilen Hurenböcken. Zwei Schwestern, ja, das ist das Richtige! Bringst mirs morgen mit, ja?«

»Gut«, sagt entschlossen die Peperl, »aber eines sag ich dir, ich bin dabei, wenn du ihr die Fut ausgreifst! Und daß du es gleich weißt, die hat noch eine nackerte Fut, nicht einmal ein paar Haare.«

»Großartig«, ruft der Ferdi begeistert, »an nackerte Geschlechtsfugen! Das ist ja allerhand! Also du bringst die Mali bestimmt mit.«

»Ja«, verspricht die Peperl und spielt verträumt mit ihrem Kitzler, der sich schon wieder beruhigt hat.

»Na schön, morgen kommt sie mit.«

»So, ich werd jetzt deinem Futerl ein kleines Bussi geben und du gibst dem guten Schweiferl auch eins. Aber dann gehst du nach Haus, damit morgen deine Fut was aushalten kann.«

Pepi steht splitternackt auf dem Lederdiwan, und der Ferdi küßt sie zum Abschied. Ein Busserl aufs Munderl, zwei Busserln auf die Dutterln und ein schönes Bussi aufs Futti! Er läßt den Worten gleich die Tat folgen. Peperl ist selig und erhofft sich doch noch allerhand. Er öffnet sorgsam ihre Beine und legt seine warmen Lippen auf ihren Kitzler und die Schamlippen. Ja, er saugt sich direkt in das heute so schwer geprüfte Löcherl hinein.

»So ein Arscherl und so ein Löcherl, das muß man ja immer abbusseln«, meint er.

Seine Küsse brennen die Peperl wie ein Feuer. Und dieses Feuer beginnt auch schon in Peperls Votze zu glühen, auch der Kitzler rührt sich schon wieder, er wird verlangend hart und steif. Etwas Schmerz ist ja schon noch vorhanden, aber die Geilheit siegt. Die Peperl spürt nur mehr das Gute, und ein Verlangen durchzuckt sie.

Der Kukilo aber versteht die Weiber, und er bremst sie schnell ab, denn wenn er noch eine Weile mit dem geilen Mädchen da spielt, dann kann er sich auch nimmer beherrschen. Aber an einem Tag soll man nicht zuviel pudern, denn bei der Jugend ist der Liebesschlund noch nicht so daran gewöhnt

Hart ist der Kitzler und feucht das Löcherl. Ein paar Sekunden denkt der Mann an eine schnelle Nummer, die könnt ja nicht viel schaden. Aber noch mehr denkt er an morgen und an das Geld, das die beiden Mädeln ihm wahrscheinlich einbringen. Doch das nur mit einer ausgeruhten Fut. Er packt die Peperl, hebt sie herunter und sagt ihr, daß sie sich jetzt rasch anziehen soll. Er ermahnt sie, nur ja nicht mehr an der Fut zu spielen und sich richtig auszurasten.

Nicht an der Fut spielen? Die Peperl lacht in sich hinein. Was weiß denn der, was ich dann zu Hause mache und der Heimweg ist ja weit.

Ehe der Kukilo das Mädchen aus der Tür läßt, küßt er es zärtlich auf den Mund, und sie durchläuft es heiß bis in die Fut.

Langsam geht sie über den Gürtel nach Hause. Im Hotel Hernalserhof sieht sie ein Pärchen verschwinden, und es regt sie auf, wenn sie daran denkt, was die beiden jetzt dort treiben werden. Denn daß die beiden vögeln gehen, ist ihr klar. Ach wie gerne hätte sie zugeschaut, denn da kann man bestimmt was lernen. Vor dem Weltspiegelkino steht ein Werkelmann und leiert alte Gassenhauer. Peperl bleibt stehen und hört zu, ja sie summt die Melodie mit. Auf einmal kommt es ihr in den Sinn, der spielt ja das Lied: ›Das ist der schönste Tag in meinem Leben!‹ Meiner Seel, er hat recht, denkt sie, heut ist wirklich der schönste Tag in meinem Leben.

So ein Sonntag, an dem ich geschleckt, gefingerlt und gefickt worden bin, daß die Fransen flogen und die Fut noch immer leicht brennt, ja das ist ein richtiger Sonntag nach ihrem Geschmack gewesen. So möcht ichs alle Tage haben, denkt sie. Das Kind in ihr kommt doch noch zum Vorschein, denn sie freut sich noch immer, daß der Ferdi ihr gleich um einen halben Schilling ein Eis gekauft hat. Bisher durfte sie doch höchstens bei einer reichen Schulfreundin ein paarmal am Eis schlecken.

Heut ist der schönste Tag in meinem Leben! Diese Melodie läßt sie nicht mehr los, und befriedigt geht sie der Hausmeisterwohnung zu. Ein paar Buben sehen sie zwar so merkwürdig an, aber sie denkt an die Worte vom Ferdi und seinen Auftrag, keine Buben mehr an sie heranzulassen. Eigentlich schade, denn jetzt könnte sie den Buben was beibringen und die müßten machen, was sie will.

Zu Hause geht sie gleich ins Bett und schläft ein. Sie träumt vom Ferdi und vom Vögeln. Ein fahler Lichtstreifen trifft ein Mädchen, das mit dem Finger an dem noch immer geschwollenen Kitzler spielt.

5

»Nein, ich geh net, ich trau mich net«, Mali steht wie ein störrischer kleiner Maulesel zwei Häuser vor Kukilos Geschäft und bockt.

»Donnerwetter noch einmal«, schimpft die Peperl, »jetzt hab ich dirs den ganzen Tag auseinandergesetzt und jetzt blamierst mich so! Ich habs doch dem Ferdi versprochen, daß du kommst.«

»Ich mag aber nicht, ich fürcht mich!« Mali bleibt halsstarrig stehen.

»Na so schau«, redet ihr die Peperl zu, es ist doch nichts dabei. Er will ja nur deine Fut anschauen, du hast sie doch schon öfter hergezeigt und angreifen lassen. Sonst macht er ja nichts mit dir.«

»Aber ich kann nicht, er ist doch ein fremder Mann!«

»Na, der Waberlgreissler vom Brunnenmarkt, ist der vielleicht kein fremder Mann — und dem hast es sogar hingehalten, damit der dir die Fut angreifen kann«, geifert die Peperl.

»Ja, bei dem war es ganz was anderes, der hat mir dafür ja eine große Schokolade gegeben«, verteidigt sich die Mali.

»Na ja, dann eben nicht«, sagt die Peperl und fügt hinzu:

»Es könnte ja sein, daß dir der Ferdi eine noch größere Tafel Schokolade gibt. Und überhaupt, wenn nicht willst, dann geh ich eben allein und du kannst mich gern haben, blöde Gans. Wirst es schon noch bereuen, denn nur bei dem Kukilo kannst wirklich was lernen, und der versteht sich aufs Pudern und sonst noch allerhand.«

Kurz entschlossen geht die Peperl weiter. Die Mali ist aber sofort wieder an ihrer Seite.

»Sag, ist das wahr mit der Schokolade?«

»Na, wenn ich sag, heilig und sicher!«

Mali überlegt kurz, dann sagt sie: »Alsdann, dann komm ich mit!«

Entschlossen hängt sie sich bei der Peperl ein, und friedlich betreten die zwei das Friseurgeschäft. Kukilo ist eben dabei das Geschäft zu schließen.

»Servus Ferdi«, grüßt die Peperl forsch.

Mali bleibt schüchtern und unentschlossen an der Tür stehen und macht die Andeutung eines Knickses.

»Na, da seid ihr ja.«

Kukilo kneift erfreut in Peperls freche Brustwarze und wendet sich sofort der Mali zu.

»Du bist also die Mali?«

»Bitte ja.«

»Ist es wahr, was mir die Peperl erzählt hat? Du hast also noch eine nackerte Fut?«

Mali kichert verlegen, verteidigt aber ihr winziges Haarbüschel.

»Die Peperl lügt, die ist überhaupt eine Lugerte.«

»Das werden wir ja gleich haben, laßt's mich halt anschauen.«

»Ich schäm mich aber so.«

Mali windet sich und deckt die Hand über die Augen.

»Für eine Fut braucht man sich doch nicht zu schämen, zeig doch her.«

Rasch tritt er an die Mali heran und hebt ihr den kurzen Rock auf. Doch die Mali ist schneller und deckt die Hand über das so plötzlich nackte Mittelstück. Aber Kukilo kennt das, er hebt einfach das Mädchen auf, und ehe sich dieses versehen hat, liegt es schon auf dem Ledersofa, auf dem die Peperl so nette Stunden verlebt hat. Mali macht nun keine Anstalten mehr, den Rock herunterzuziehen. Sie sagt nur immer wieder, daß sie sich schämt und die Fut nicht herzeigen will.

Peperl ist auf einmal so merkwürdig erregt. Sie tritt näher und sieht den nackten Bauch der Freundin, sieht die paar winzigen blonden Haare und verkündet triumphierend: »Hab ich's nicht gesagt, sie hat noch eine nackerte Fut!«

Kukilo steht sinnend vor dem halbnackten Mädchen. Streng befiehlt er der Mali: »Gib doch endlich die Hand von der Votz!«

»Na, ich schäm mich so«, wiederholt die Mali noch einmal.

Aber da greift die sich immer mehr aufgeilende Peperl ein, reißt der Mali die Hand von der Fut, packt sie bei den Knien und spreizt ihr die Beine auseinander.

»Und sie hat doch eine nackerte Fut«, schreit Peperl, »schau Ferdi, keine zehn Haare hat sie auf der Votze!«

Doch in Kukilos Hose beginnt sich der Schwanz zu rühren. Peperl sieht dies mit einem Gemisch aus Begehren und Zorn. Sein Schweif darf sich nur bei mir aufstellen denkt sie und greift auch schon nach seinem Wollustspender. Aber da kommt sie schlecht an. Kukilo weist sie streng zurück.

»Weg, sag ich, mit deinen fetten Fingern, aber schnell, sonst kannst was erleben.«

Peperl schäumt vor Zorn. Er knöpft sein Hosentürl auf und holt den steifen Schwanz heraus. Geschäftsmäßig greift er an Malis winzigen Kitzler, der zwischen den rosigen Schamlippen der Dinge harrt, die da kommen sollen. Doch jetzt beginnt Malis Hintern sofort zu tanzen.

»Ah, da schau her«, sagt die Peperl eifersüchtig, »jetzt kann sie es schon! Jetzt schämt sie sich nimmer, wenn man ihr an die Fut greift!«

Herr Kukilo nimmt seine Nudel in die Hand und streicht damit prüfend über Malis Spalte. Dann versucht er, den dünnen Schweif an die kleine Fut der Mali anzusetzen.

Da aber packt die Peperl die Wut. Sie reißt ihn weg und schreit: »Vögeln gilt nicht, du hast es mir ja versprochen!«

Kukilo dreht sich gelassen um und holt aus. Ehe sich die Peperl versehen kann, hat er ihr eine Ohrfeige gegeben, daß sie nur so an die Wand taumelt.

»Daß du es weißt, wer hier der Herr im Haus ist. Ich vögle wen ich will, das geht dich einen Dreck an, du Hurenfratz, elendiger!«

Peperl lehnt erschrocken an der Wand. Die Wange brennt wie Feuer. Aber das Brennen beginnt abwärts zu wandern, es brennt auf der Brust, ihre Warzen richten sich auf, es brennt fliegend über den Bauch und landet zwischen ihren Schenkeln, die sich auf einmal spreizen. Eine unerträgliche Lust, gevögelt zu werden, überkommt sie. Zum erstenmal hat sie die Süße des Schmerzes empfunden. Doch das weiß sie jetzt noch nicht. Sie weiß nur, daß sie jetzt gevögelt werden will. Langsam schleicht sie näher, stellt sich hinter den Mann, der noch immer mit seinem Schweif an dem nun schon heftig zuckenden Vötzchen der Mali spielt. Schüchtern faßt sie nach dem Arm vom Ferdi.

»Ferdi ... Ferdi ... du ... du ...«

»Na, was ist denn?«

»Ferdi, mich brennt die Fut, ich brauch was.«

»Laß sie nur brennen«, erwidert er grimmig, »Du wirst heut noch genug gevögelt werden. Wart nur ab, vielleicht wirst dann froh sein, wenn ich dich jetzt verschone. Und jetzt stör mich nicht mehr.«

Peperl stöhnt auf: »Geh, ich bitte dich, nur ein bisserl.«

Da setzt es die zweite Ohrfeige vom Ferdi. Die Peperl bricht fast zusammen. So etwas hätte sie von ihm nicht gedacht.

Mali liegt jetzt schon ganz ungeniert mit offenen Beinen, und mit Genugtuung sieht sie, daß die Peperl verschmäht wird, während ein so schöner Mann wie der Herr Kukilo ihre nackte Fut vorzieht.

»Sie ist mir nur neidig, sie kanns nicht ertragen, wenn sie nicht die Hauptperson ist! Sie möcht jetzt nur, daß Sie mich liegen lassen!«

»Ruhe«, brüllt der Kukilo, »kein Wort mehr und keine Streitereien! Ich werd euch beide nicht vögeln! Peperl sei nicht traurig, aber ich hab mir alles genau überlegt. Ihr geht jetzt alle zwei in die Laudongasse auf Nummer 15. Im zweiten Stock rechts an der Tür müßt ihr läuten. Kurz- lang- kurz. Verstanden? Und daß ihr mir nur alles so macht, wie man es euch anschafft. Du auch Mali!«

Gönnerhaft wetzt er noch einmal über ihren jetzt schon etwas größer gewordenen Kitzler.

Die Mali nickt gehorsam.

»Wenn euch dann der Herr wegschickt, gibt er euch ein Kuvert und das wird bei mir abgeliefert, Peperl! Und daß mir nichts daraus fehlt!«

Peperl nickt, und der Kukilo steckt seinen Schweif vor den enttäuschten Augen der Mädchen in die Hose. Zögernd schließt Mali ihre Schenkel und rutscht von der Bank.

»Also jetzt raus! Und daß ihr mir das Geld sofort abliefert!«

Nachdem sie nun ein Stück über den Gürtel gegangen sind, fragt die Mali:

»Und wo ist jetzt die Schokolad, ha? Du bist halt doch eine Lugerte! Ich hab ihm meine Fut gezeigt, er ist meine Schamlippen mit seinem Stempel entlang gefahren und hat sich aufgegeilt und mich dazu. Und was hat er mir gegeben, ha? An Scheißdreck, du Lugenschüppel!«

Die Peperl wurmt das.

»Wir werden uns einfach die Schokolad selber kaufen.«

»Ja, wannst ein Geld hast.«

»Jetzt noch nicht, aber wart, bis wir zurückkommen, dann haben wir mehr als genug!«

»Schon wieder a Lug, woher willst es denn nehmen, ha?«

»Hast net gehört, was der Ferdi von dem Kuvert gesagt hat?«

»Das schon, aber ein Kuvert ist kein Geld. Und für ein Kuvert gibt dir niemand eine Schokolad!«

»Für das Kuvert freilich nicht, aber für das was drinnen ist.«

Mali schaut blöd. Als ihr dann aber die Peperl die Geschichte von dem alten Grafen erzählt und von den Banknoten, die er ihr zugesteckt hat und die sie dann alle dem Kukilo abgeliefert hat, da heitert sich das Gesicht der Mali wieder auf. Aber ungläubig fragt sie trotzdem: »Na, und du glaubst doch nicht wirklich, daß wir uns von dem Geld was nehmen dürfen?«

»Was heißt dürfen?« prahlt die Peperl. »Das Geld bekommen doch wir dafür, daß wir unsere Fut herzeigen, sie angreifen lassen, uns schlecken lassen und noch dazu gevögelt werden, ha! Das verdienen wir doch selbst und nicht der Ferdi! Wir müssen uns petschieren lassen und den fremden Männern die Nudel polieren. Unser Verdienst ist es!«

Die Peperl wird auf einmal ganz aufgeregt und schreit die Mali fast an, daß diese ganz erschrocken zurückfährt:

»Ich muß den Männern einen herunterreißen und dann zu guter Letzt noch so viele andere Sachen über mich ergehen lassen, also hab ich das Geld verdient, verstehst es jetzt!«

»Na, eigentlich versteh ich nicht, denn wenn du sagst, daß du es verdient hast, warum bist du denn so blöd und gibst das Geld dem Ferdi? Wenn es eh dein Verdienst ist und du die Fut hinhalten mußt?«

Der Peperl gibt es einen Riß. Sie bleibt stehen und schaut die Mali an.

»So ein Trampel wie du bist — und doch hast du es erfaßt. Na, so was! Meiner Seel, du hast ja recht. Ich brauch ihm ja gar nichts zu geben! Weißt, was ich ihm gib, einen Schmarrn, ein Scheißdreck, aber kein Geld! Ja, genau nix geb ich ihm, hätt er mich nicht geschlagen, der Strizzi! Wenn wir wirklich ein Geld bekommen, dort wo wir jetzt hingehen, dann wirds vernascht, einverstanden!«

Die Mali ist absolut einverstanden. Sie beschleunigen ihre Schritte, um rascher in die Laudongasse und damit zu ihrem Geld zu kommen.

»Was glaubst Peperl, werden wir bekommen?«

»Ich weiß nicht, aber ich denk so viel wie beim Grafen bestimmt.«

»Na, glaubst, daß wir einen ganzen Schilling kriegen?«

»Mehr schon«, sagt die Peperl.

Die Mali schweigt. Sie versucht sich vorzustellen, was man alles für einen solchen Betrag kaufen kann. Ihre Fantasie arbeitet weiter. Vielleicht bekommen sie sogar ein paar Schillinge. Es wird ihr ganz schwindlig, wenn sie daran denkt. Nach ein paar Minuten sagt die Peperl:

»Na mehr als zehn Schilling denk ich schon, daß wir kriegen, wir sind ja heut zu zweit!«

Mali verschlägt es den Atem. Ihr Vater bekommt vierzehn Schillinge in der Woche und damit muß eine achtköpfige Familie leben.

»Du Peperl«, die Mali stottert vor Aufregung, »wenn wir alle Tage nur drei oder vier Schilling kriegen, du, das wären ja so viele

Nougatstangen und noch Karamellen. Die Mädel in der Schule täten zerspringen.«

»Ja, schön wärs schon, aber wer soll uns das Geld geben?«

»Na, der Herr Kukilo, wird dir schon sagen, wo wir hingehen sollen.«

»Der Ferdi«, sagt Peperl und plötzlich ist sie sich über die Machenschaften des Herrn Kukilo im klaren, »der wird mir was scheißen. Der will das Geld doch selber haben, darum will er mich doch vögeln schicken, verstehst's jetzt?«

»Ja, das ist wahr.«

Mali fühlt mit tiefem Bedauern die Schillinge in weiter Ferne verschwinden. Die Peperl ist aber zu einem Entschluß gekommen. Entschlossen erklärt sie:

»Wir werden das so machen: Wenn wir das Kuvert haben, dann werden wir es aufreißen und uns etwas herausnehmen. Wir sagen einfach wir haben das Kuvert offen bekommen und der Ferdi weiß ja nicht, wieviel es war!«

»Und wenn er es doch merkt, der Kukilo, was dann?«

»Dann gibt er uns höchstens ein paar Watschen. Für diese Watschen haben wir dann wenigstens ein Geld. Die Tante schmiert mir oft eine und dafür krieg ich keine Schokolad. Oder bist vielleicht wegen so einer Watschen feig?«

Wenn die Peperl an Ferdls Watschen denkt, dann fühlt sie jetzt wieder so ein eigentümliches Brennen zwischen den Füßen.

»Ich und feig? Ha!«

Was Watschen anbelangt hat auch sie schon eine größere Praxis, denn die Frau Wondraschek fackelt nicht lang und haut gut hin. Wenn sie für jede Watschen nur ein paar Groschen bekäme, würde sie seelenruhig stillhalten.

»So, wir sind da«, verkündet die Peperl und liest der Mali die Hausnummer vor.

»Ja«, sagt die Mali, »ich kann ja auch lesen, daß wir in der Laudongasse 15 sind.«

»Also, gehn wir!«

6

Es ist ein sehr vornehmes altes Haus, über dessen Stiege die zwei Mädchen hinaufsteigen. Jedes Stockwerk zeigt bloß zwei Wohnungen. Ehrfurchtsvoll lesen sie die Türschilder aus blankem Messing. Still sind die Gänge und Stiegen. »Wie in einer Kirchen« flüstert die Mali und erschrickt, wie laut die Klingel schrillt, auf die Peperls Finger drückt. Kurz-lang-kurz!

Eine dicke Frau im schwarzen Kleid, weißer Schürze und ebensolchem Häubchen öffnet. Ein breites, tantenhaftes Lächeln gleitet über ihr rotes Gesicht. Einladend tritt sie einen Schritt zurück, und die beiden Mädchen stolpern über die Schwelle in das lange, halbdunkle Vorzimmer.

»Nun, da seid ihr ja. Habt ihr euch auch die Füße abgeputzt? So, dann kommt nur gleich mit, gehn wir die Futen auswaschen!«

Sie führt die Mädchen in ein pompös ausgestattetes Badezimmer. Jadegrüne Glasplatten sind die Wände, in die zwei mannshohe Spiegel eingelassen sind. Jadegrün ist auch die in den Boden eingelassene Wanne, und in etwas dunklerem Grün spannt sich ein Gummiteppich auf dem Boden. Die tantenhafte Dicke läßt den Kindern keine Zeit, sich genauer umzusehen.

»Ausziehen, und zwar ganz nackt!« befiehlt sie, während sie den Nickelhahn dreht und Wasser in die Wanne einlaufen läßt. Dann schüttet sie aus einer Flasche eine große Portion Parfum in das laue Wasser.

»Das riecht wie bei einer Firmung«, lispelt Mali der Freundin zu, und die antwortet ebenso leise:

»Halt die Goschen und zieh dich aus. Der Herr, der uns pudern will, wird vielleicht gleich kommen.«

»Steigts in die Wanne, dalli, dalli. Nix is mit pudern, blöde Madeln, keine wird gepudert werden.«

Nackt stehen die Mädchen in der gefüllten Wanne, und die Dicke seift sie mit einem Gummischwamm voll duftender Seife vom Kopf bis zu den Füßen ab.

»Gib die Füß auseinander!«

Peperl tut es, und die Alte wäscht ihr gründlich Fut und Hintern und taucht sie dann in das duftende Wasser. Nun kommt die Mali dran. Die öffnet sofort die Beine und läßt sich die gleiche Prozedur angedeihen.

Frisch gewaschen und wohlriechend steigen die Mädchen aus dem Wasser und die Dicke frottiert sie mit einem riesigen Badetuch ab. Sie öffnet einen Wandschrank und entnimmt ihm seidene Mädchenwäsche und zwei duftige Spitzenkleider in hellblau und rosa. Die erstaunten Mädchen fühlen an ihrem Körper die zarte Seidenwäsche, befingern entzückt die eleganten Kleider. Jede bekommt noch ein paar weiße Söckchen und blitzende Lacksandalen. Dann frisiert die Alte ihre ein wenig benommenen Köpfe, bindet in Peperls braune Locken eine hellblaue und in Malis blonde Pagenfrisur eine rosarote Riesenschleife.

»So, und nun schauts euch einmal im Spiegel an!«

Mit Genugtuung betrachtet die Dicke ihr Werk, und Peperl und Mali sehen entzückt im Spiegel zwei Prinzessinnen, die aber ihre Gesichter tragen. Sie können sich nicht genug ansehen.

»Wie Weihnachtspuppen sehen wir aus«, sagt Mali bewundernd, und biegt ein wenig ihre weißen und jetzt sauberen Knie, streichelt ihre Schenkel, die eine Handbreit unter dem Spitzenkleid hervorstehen. Peperl, die praktische, denkt an den Zweck ihres Hierseins. Sie wendet sich an die Dicke und fragt:

»Bitte, was wird jetzt sein und wo ist der Herr, der uns pudern will?«

Die Alte aber lacht. »Ja, sagt, tut Ihr denn so gern pudern? Wartet es nur ab, es wird sich schon alles so schön historisch entwickeln, wie unser Herr immer sagt. Jetzt paßt auf, Madeln. Du«, sie weist auf die Peperl, »du heißt Gretel und du heißt Lieserl. Die

Namen müßt ihr euch merken. Ich geb euch erst ein bisserl eine Jause, einen Gugelhupf und Schokolade.«

Peperl wirft einen Blick auf Mali und feixt. Nach dem Speisen sagt die Alte zu den Mädchen:

»Jetzt geb ich euch Spielerei und ihr müßt spielen, als ob ihr kleine Kinder seid. Und nicht so ordinär und wienerisch reden, nur so wie die feinen Leut. Dann noch was. Ihr müßt all das machen, was man von euch verlangen wird. Verstanden?«

Die beiden nicken nur. Mali ist ein wenig verwundert, und Peperl denkt, daß das mit den feinen Leuten doch eine komische Geschichte ist. Da soll sich einer auskennen. Sie seufzt, wie einfach wäre doch das alles! Man legt sich einfach hin, gibt die Füße auseinander und läßt sich die Nudel in das Votzerl stecken. Na ja, denkt sie schließlich, sein Geld — sein Gusto und geht hinter der Dicken her, die sie durch das Vorzimmer zu einer Tür führt und diese öffnet. Breit flutet das Licht heraus, die Mädchen treten ein, und es bleibt ihnen der Atem stecken. Dieses Zimmer ist ein Traum, wie ihn die Ottakringer Kinder nicht einmal träumen können.

»Jöh«, flüstert die Mali hingerissen, und Peperl stimmt ihr bei. Mit bunten Märchenbildern sind die Wände bemalt. Da liegt Schneewittchen im Glassarg, beweint von den Zwergen, da steht Rotkäppchen und der Wolf und die sieben Geißlein, dort wimmelt um Gulliver die Schar der Zwerge, Rapunzel läßt ihr Goldhaar von dem Turm herab, und die Hexe prüft, ob Hänsel und Gretel schon dick und fett sind. Was für Herrlichkeiten birgt nicht dieses Zimmer! Auf den weißen, mit bunter Kretone bespannten Möbeln sitzen und liegen die schönsten Puppen herum, und ein brauner Teddybär reitet auf einem meterhohen Elefanten. Auf dem Teppich liegen Bälle, als hätte sie die spielende Hand eines Kindes eben hingeworfen. Ein Grauschimmel steht neben einem Auto, und dort ist ein richtiges Puppenhaus, ein Karussell und ein Kaufmannsladen. Die Kinder können das alles auf einmal gar nicht so richtig erfassen.

»So, und nun wird schön gespielt«, sagt die Alte, »und vergeßt nicht, was ich euch gesagt habe.«

Sie verläßt den Raum, und die Kinder stehen sich selbst überlassen und können sich nicht fassen. Endlich stürzen sie sich auf die Puppen und nehmen sie in die Arme. Minuten später sind sie ganz versunken in der Märchenwelt und haben den eigentlichen Zweck des Hierseins ganz vergessen.

»Mäderln, darf ich mitspielen?«

Eine tiefe Stimme klingt in das selige Vergessen der beiden. Peperl blickt auf und läßt vor Schreck die Puppenköchin in den Kochtopf fallen. Vor ihr steht ein Bub in blauem Matrosenanzug, weißen Sockerln und braunen Sandalen. Doch nicht deshalb ist sie so erschrocken, weil plötzlich ein Bub da ist, sondern weil dieser Bub um zwei Köpfe größer ist als sie und weil seine Beine in den weißen Kindersöckchen dunkel und dicht behaart sind. Die kurze blaue Hose spannt sich um einen ganz respektablen Bauch. Der Bub im Matrosenanzug ist ein ganz normaler Mann!

»Mäderln, darf ich mitspielen?« bettelte die tiefe Stimme wieder.

Da verfliegt Peperls Schreck. Sie hockt sich auf den Boden und lacht, daß ihr die Tränen herunterrinnen.

Mali sieht entgeistert auf die Szene und drückt die Puppe fest an sich. Im Unterbewußtsein hat sie Angst vor dem was da kommen wird.

Das bettelnde Gesicht des Mann-Buben verzieht sich ärgerlich, und er sagt: »Wirst du sofort aufhören zu lachen!«

In diesem Augenblick begreift die Peperl instinktiv, was hier gespielt werden soll und hört sofort zu lachen auf. Sie ist im Bilde.

Sein Geld — sein Gusto — denkt sie und weiß im selben Augenblick, daß hier trotz des Kinderzimmers gevögelt werden wird.

Als nun die tiefe Stimme zum dritten Mal fragt, ob er mitspielen darf, da sagt die Peperl:

»Ja, aber du darfst mir nichts zerbrechen!« Und lächelt ganz wissend in das Gesicht des Mannes.

»Ich heiße Adolar, aber meine Mutti sagt Scheißerle zu mir!«

»Nun, so werde ich eben auch Scheißerle zu dir sagen.«

Das Scheißerle fragt nun wie die Mädel heißen und die Pepi sagt: »Ich bin die Gretel und das ist die Lieserl.«

Sie winkt die Mali heran, aber die sieht noch immer ein wenig scheu auf diesen Mann-Bub oder Bub-Mann in dem Kinderanzug.

»Jöh, wie fein, so heißen meine Schwestern auch, aber ich bin böse auf sie, weil sie so garstig zu mir sind. Nicht wahr, ihr seid nicht garstig zu mir?«

»Nein, Scheißerle, wir sind nur lieb zu dir«, sagt die Peperl und stellt mit einem Seitenblick mit Vergnügen fest, daß sich bei dem Worte Scheißerle etwas in seiner Hose rührt. Es kann also nur mehr eine Frage der Zeit sein, bis gevögelt werden wird. Außerdem macht ihr diese Kinderei einen Heidenspaß. Ja, die Peperl hat eben das Zeug zu einer ganz großen Hure in sich, einer die bei allem mitmacht und nur immer ein Ziel vor Augen hat: ihre Votze und den Geldbeutel zu befriedigen!

»Wird die Lieserl auch lieb zu mir sein?« fragt der Scheißerl sanft.

Doch die Mali ist schon wieder in ihr Spiel versunken und hat die Frage gar nicht gehört.

Da stößt sie die Peperl fest in die Seite und herrscht sie an:

»Hast du nicht gehört, du sollst sagen, ob du lieb zum Scheißerle sein wirst!«

Mali kommt zu sich und sagt: »Ja, ja, gnädiger Herr!«

Peperl sieht mit Bangen, wie sich die Augen vom Scheißerl zusammenziehen und er verärgert dreinsieht. Alles nur das nicht, denkt sie, denn der alte Trottel wird ganz schön zahlen für das blöde Kinderspiel und die bestimmt nachfolgende Fickerei. Na, so was kann man sich doch durch das blöde Geschwätz der Mali nicht entgehen lassen. Sie packt die Mali bei der Hand und sagt:

»Du Trampel, wenn du net sofort an das Geschäft denkst, so hau ich dir eine herunter! Du mußt du zu ihm sagen oder Scheißerle. Das hat er gern, und dafür wird er uns zahlen! Laß jetzt die blöde Spielerei und tu, was ich dir sag, sonst bist das letztemal mit mir wo gewesen!«

Mali gibt sich einen Ruck und denkt, schad, ich hab gerad so schön gespielt.

»Sag, wird er uns wenigstens vögeln, der alte Depp?«

»Vielleicht«, sagt die Peperl und geht zurück zum Scheißerle, der gerade einer so schönen Puppe ein Bein ausreißt.

»Das darf man nicht tun«, sagt sie streng zum Scheißerle, und gibt ihm einen Klaps auf die Hand. Sie sieht wie seine Augen aufleuchten. Er erkennt, daß sie das Spiel verstanden hat. Er ballt die Fäuste und sagt weinerlich: »Und ich will aber jeder Puppe ein Bein ausreißen!«

»Schön, dann sag ichs deiner Mutter und die haut dir das Arscherl aus.«

»Meine Mutter haut mir nicht das Arscherl aus, sondern die gibt mir höchstens ein Bussi aufs Arscherl oder sonst wohin, und ich darf dann bei ihr im Bett schlafen. Ätsch und du darfst nicht bei ihr schlafen und darum kannst du auch nicht sehen, was ich gesehen hab. Soll ich dir sagen was, Gretel?«

»Na, was hast denn gesehen?«

»Sie hat was zwischen den Beinen, aber sie läßt michs nicht so richtig ansehen, nur immer so zufallsweise sehe ichs.«

»Pah, auch schon was«, sagt die Peperl, »so was hab ich auch, grad so wie deine Mutti!«

»Ist nicht wahr Gretel!«

»Ist schon wahr, Scheißerle.«

»Na, dann zeigs mir.«

»Nein, du bist dazu noch zu klein, aber du kannst mirs glauben, ich und die Lieserl haben dasselbe zwischen den Füßen wie deine Mutti.«

»Bitte, bitte zeigt es mir«, bettelte er, »ich bin ja so neugierig. Alle sind so böse zu mir«, sagt er und fängt an zu weinen. »Meine Mutti zeigt mirs nicht, meine Schwestern nicht und nun ihr auch nicht.«

Peperl wird das Spiel schon fad und so sagt sie:

»Also gut, wir werden dir das Ding zeigen, aber erst mußt du uns auch zeigen, was bei dir zwischen den Schenkeln ist.«

»Nein, zuerst ihr.«

»Nein, erst du, du hast ja angefangen damit«, beharrt die Peperl, und sie sehen einander an. Der Funken springt von ihr auf ihn über, und nun beginnt auch er sich mit dem Spiel zu beeilen.

Er greift nun in seinen Hosenschlitz und zieht eine riesige braune Rübe heraus. Hui, das ist ein Schwanz, die Peperl bebt. Dieser Schwengel ist viel größer und auch viel dicker als die Friseurnudel. Wie in Trance greift die Peperl danach. Scheißerle weicht aber aus und verlangt:

»Und jetzt du, zeig was du hast!«

Peperl hebt ein wenig das Kleid und sagt aber dann: »Nein, nicht herschauen, erst bis ich dir es sage«.

Scheißerle gehorcht und schließt die Augen. Peperl zieht sich das Seidenhöschen aus und verlangt auch dasselbe von der Mali. Dann legen sich die beiden Mädchen mit hochgezogenen Röcken auf den weichen Teppich und die Peperl ruft: »Jetzt!«

Scheißerle macht die Augen auf, und in dem Moment macht sein Riesenschwanz einen Ruck in die Höhe. Damit er die Vötzchen besser betrachten kann kniet er sich davor und sagt mit einem Gesichtsausdruck, der die Peperl ein wenig verwirrt: »Ja, ihr habt wirklich was anderes zwischen den Füßen als ich.«

»Das will ich auch hoffen«, sagt die Peperl. »Du hast einen Schwanz — und wir haben eine Fut!«

»Fut, Fut«, sagt Scheißerl ganz verrückt vor sich hin. Dann wird sein Gesicht mißtrauisch und er fragt: »Ist das dasselbe, was meine Mutter hat?«

»Ganz bestimmt«, versichert die Pepi, »alle Frauen und Mädchen haben eine Fut und alle Männer haben einen Schwanz. Du bist ein Bub und hast nur ein Zumpferl.«

»Wenn ich größer bin, bekomme ich dann auch einen Schwanz?« Dabei wird sein Tremmel noch immer größer.

Heiliger Bim Bam, denkt die Peperl, wenn dem sein Schwengel noch etwas größer wird, dann ade du meine geliebte Fut, denn wenn der drüber geht, dann zerfranst er sie mir. So aber wie er jetzt ist, regt er mich nur mächtig auf, und meine Spalte ist schon ganz feucht. Wenn nur diese blöde Spielerei schon enden würde, denkt sie, aber laut sagt sie:

»Na freilich wirst du auch einen richtigen Schwanz bekommen. Aber erst wenn du groß bist.«

Mali sagt gar nichts, sondern schaut nur wie gebannt auf das Ding, das da so groß aus der Kinderhose herausragt.

»Darf ichs einmal angreifen?« fragt der Scheißerle.

»Ja was denn?«

»Na, das was ihr zwischen den Schenkeln habt.«

»Natürlich«, sagt die Pepi, schränkt aber gleich ein, »aber nur dann, wenn ich auch dein Zumpferl streicheln kann.«

Scheißerl greift mit seinen starken Händen an die Fut der beiden Mädchen, die durch diese Berührung gleich ganz geil werden.

»Komisch wie das ausschaut«, sagt er.

Die Pepi weiß sofort, daß sich seine Hand schon in mancher Fut befunden haben muß, denn sie besitzt eine ausgezeichnete Ortskenntnis. Geschickt hat er mit Daumen und Zeigefinger ihren begehrlichen Kitzler erfaßt und dreht ganz sanft daran. Beide Mädchen stöhnen gleichzeitig auf, doch da zucken seine Hände zurück und er sagt: »Tut euch das gar weh?«

Herrgott, denkt Peperl, das wird eine Marterei werden, wenn der so weiter macht. Mich juckt die Fut so arg, daß ich sie mir am liebsten selbst schlecken möchte.

»Nein mein Scheißerle, es tut gar nicht weh, wenn du meine Fut angreifst, im Gegenteil, es ist sehr gut. Es wäre aber noch besser, wenn du schon dein Zumpferl hergeben wolltest!«

»Wo soll ichs denn hingeben?«

»Schau, da ist ein Loch und da hinein steckst du jetzt deinen lieben Schwanz und sei ein artiger Bub.«

»Ja darf man denn das tun?«

»Freilich« sagt die Peperl drängend.

»Bei der Lieserl auch?«

»Nein«, sagt die Peperl streng und neidisch.

»Aber ja«, mischt sich jetzt die Mali ein, »bei mir darf der Scheißerle auch hinein.«

Scheißerle nimmt nun seinen Schwanz in die Hand und setzt ihn bei der Fut von der Peperl an. Kaum spürt sie den Schwanz, da hebt das geile Ding auch schon den Arsch, um ihn besser empfangen zu können. Er aber spielt nur so mit der Schwanzspitze an ihrem Kitzler herum, daß sie fast verrückt wird vor Aufregung.

»So stoß doch endlich hinein!« schreit die Peperl. »Auf was wartest du denn noch? Glaubst du, ich will meine Fut verhungern lassen?«

Jetzt glaubt sie, daß er endlich anfangen wird zu stemmen, da sie doch schon die Spitze seiner Eichel an ihrem Schlund spürt. Sie bäumt sich ihm entgegen, damit er schneller und leichter eindringen kann. Ihre Schamlippen zittern und ihr Schleim benetzt schon seine Eichel. Da auf einmal stutzt er ...

»Ja, was ist denn das für eine verfluchte Schweinerei!« tönt die Stimme der Dicken. »Du Scheißerle, du Lausbub, wirst du gleich von der Fut von deinen Schwestern weggehen! Gehört sich das? Werd's wohl gleich auseinander gehen, ihr Schweindeln? Darf man denn mit dem Zumpferl vom Bruder spielen? Habt ihr nicht genug Puppen? Müßt ihr euch mit dem Zumpferl spielen?«

Peperl und Mali erheben sich verwirrt und sehen in das zornrote Gesicht der Dicken. Jetzt kennen sie sich überhaupt nicht mehr aus, und dabei brennt sie beide doch so die Fut.

Scheißerle aber steht ärgerlich da und wagt die Dicke gar nicht anzusehen. Plötzlich schwingt sie ein dünnes Rohrstaberl, das sie bisher hinter dem Rücken verborgen gehalten hat.

»Da kommts her, ihr sündigen Kinder«, verlangt sie und läßt sich breit auf den bunten Diwan fallen.

Scheißerle schleicht näher, er schluchzt auf einmal auf. Auch die Kinder machen einen zögernden Schritt auf die Dicke zu.

»So«, ächzt die Dicke, »jetzt kommt die Strafe.« Streng wendet sie sich an den Scheißerle.

»Warum hast du mit der Fut deiner Schwestern gespielt?«

»Ich hab ja nur sehen wollen, wie sie ausschaut. Aber ich bitt gleich um Verzeihung, ich werds nicht mehr tun.«

»Und warum«, fragt sie jetzt die Peperl, »warum hast du deinen Bruder an der Fut spielen lassen?«

»Weil mich sein Schwanz so aufgeregt hat«, gesteht die Peperl freiwillig, »weil ich wollte, daß er mich fickt.«

»Und du?« wendet sie sich an die Mali.

Die aber grinst blöd, denn sie beherrscht die Spielregel nicht.

»Alsdann, Strafe muß sein«, erklärt die Dicke.

»Du bist eine kleine Schlampe, Gretel, weil du dir die Fut von deinem Bruder angreifen läßt und damit ihn nur aufregst. Dafür wird dir jetzt der Scheißerle deine Votze auseinanderreißen, bis du hin bist! Da leg dich jetzt her!«

Peperl muß sich auf die breite Couch legen und auf dem Rücken liegend die Schenkel weit auseinander spreizen. Die Dicke hebt ihr den Rock auf und kitzelt sie sachverständig am Kitzler. Zwischen ihren Beinen kniet nun der Scheißerl, setzt seinen Riesenschwanz an Peperls Loch und fährt ein paarmal bis zum Kitzler hinauf, was die Peperl wonnig aufstöhnen läßt.

»So«, schnauft die Alte, die sich beim Anblick der jungen schmalen Fut sehr erregt hat, »jetzt fick deine kleine Schwester, du Lausbub! Damit endlich einmal eine Ruhe ist mit der ewigen Raunzerei! Deine Schwester läßt dich jetzt fest die Fut vögeln. Tu sie nur recht gut abpudern, die hält schon deine Stöße aus.«

In dieser Sekunde stößt Scheißerle zu, und Peperl fühlt den Riesentremmel in sich eindringen. Lüstern schreit sie auf, endlich wird sie gefickt. Sie will Kontra geben, aber da sagt Scheißerle traurig:

»Oh je, da war ja schon einer drinnen.« Er zieht die massige Nudel enttäuscht heraus.

Peperl blickt ratlos um sich. Die Dicke schiebt sie mit einem Ruck vom Diwan herunter, daß sie gleich auf den Boden fällt. Dann greift sie gleich nach der Mali. Sie befingert die nackte Fut und stellt befriedigt fest, daß dieser Weg noch nicht befahren ist.

»Na wenigstens diese Votze ist noch intakt«, sagt sie und wirft der Peperl einen giftigen Blick zu. »Wir sprechen uns noch!«

Nun legt sie das blonde Mädchen im rosa Spitzenkleid zurecht, spreizt ihr die Beine und geilt sie am Kitzler auf. Dabei sagt sie noch zu Peperl:

»Wart nur, du schlimmes Kind, du hast wem deine Fut gelassen. Deine Strafe wirst du gleich bekommen, dir werd ich helfen fikken!«

Peperl muß zusehen, wie sich die saftige Nudel Scheißerles der Freundin nähert, die ihr einen triumphierenden Blick zuwirft.

Die Dicke spreizt Malis kindliche Fut auseinander. Scheißerle, hochrot im Gesicht, rutscht auf den Knien eng an das Mädchen heran, reibt seinen Schwanz an der unschuldigen Fut und versucht dann, das enge Löchlein anzubohren.

Nun aber vergeht der Mali der Triumph. Sie wünscht sich weit weg vom Diwan. Sie hat sich das Vögeln ganz anders vorgestellt. Laut schreit sie auf und windet sich unter den festzupackenden Händen der Dicken. Sie kann aber nicht loskommen. »Au weh, das tut so weh«, schreit die Kleine, doch der Scheißerle gibt nicht nach und stoßt mit aller Gewalt in die Fut. Ihm ist es ja gleich, und wenn er sie zerreißt.

»Mutter, Mutter«, schreit das gemarterte Kind in Todesangst, »laßt mich los, ich will nicht, ich will nicht!«

»So geht das nicht, Scheißerle«, sagt die Alte und schiebt ihn ein wenig zurück. »Die Fut von der Lieserl ist zu klein, erst mußt du mit dem Finger vorbohren und ein bisserl schlecken. Da wird sie aufgeregt und gibt nach. Wenn eine Fut erst einmal zu zucken anfängt, dann ist es ihr egal und der Schmerz spielt keine Rolle mehr. Komm, laß mich ein bisserl schlecken.«

Sie beugt sich über die Mali und nimmt ihre Kleine auf einmal in den Mund. Sie schmatzt mit Genuß und spielt einen Walzer auf dem Kitzler des Mädchens. Auch die Spalte kommt nicht zu kurz. Mali verdreht die Augen, ihr Bauch hebt sich, sie zittert unter den Zungenschlägen der Dicken. Wie sie mit der Zunge noch immer den Kitzler der Mali bearbeitet, stößt sie ihren Finger mit einem schnellen Stoß in die Jungfernvotz. Mali zuckt zusammen, aber sie hat gar keine Zeit den Schmerz so richtig zu empfinden, denn die geübte Zunge der Alten versetzt sie in Raserei.

Mit einem saugenden Kuß verabschiedet sich die Frau von Malis Fut.

»So, jetzt Scheißerle, jetzt mach rasch«, fordert sie ihn auf, »jetzt ist die Fut richtig glitschig und wartet nur mehr auf einen Schwanz.«

Flink schwingt sich Scheißerle auf seinen Platz, die sachkundige Schleckerei hat ihn ganz toll gemacht. Er sieht nichts mehr als die entzückende Fut der Mali. Wild stößt er zu und bohrt die Nudel fast bis zur Hälfte hinein. Doch dieser Schmerz fährt glühend durch den Körper Malis. Brüllend bäumt sie sich auf, wird aber von den starken Armen der Dicken niedergedrückt, daß sie sich nicht mehr wehren kann.

»Mutter, Mutter, ich muß sterben« schreit sie auf, als der Scheißerl seine Nudel immer wieder in sie stößt.

Der Peperl wird auf einmal angst und bang. Sie springt auf und zu den Vögelnden hin und versucht die Mali den haltenden Händen zu entreißen. Der Erfolg ist allerdings nur der, daß die Dicke ausholt und ihr eine Ohrfeige gibt, daß sie in weitem Bogen auf den Boden fliegt. Dort bleibt sie liegen und wagt sich nicht zu rühren. Mali rinnen die Tränen herunter, sie heult auf und weint und winselt. Unbarmherzig halten die starken Hände sie fest, und wie ein rasender Stier stößt der keuchende Mann immer wieder seinen Schwanz in die Fut. Er achtet nicht der Schmerzensschreie der einer Ohnmacht Nahen. Stumm vögelt er darauf los. Bei jedem Stoß dringt der Schwanz tiefer in die Fut. Mali kann nicht mehr schreien, sie ist fast besinnungslos vor Schmerz. Unsicher flattern ihre Hände hin und her und fallen dann schwer herunter. Von der Stirn des fickenden Mannes rinnt der Schweiß, dunkelrot ist sein Gesicht und nun beginnt er zu sprechen:

»Schwester ... ich fick ... ich fick ... meine Schwester. Nie hat sie mich drüber gelassen ... na wart ... jetzt ... Lieserl ... ah ... jetzt ... werd ich dich voll spritzen ... jetzt mach ich dir ein Kind ... ah. Deine Fut ist gut, ja zuck nur, mir ist es jetzt egal, hättest sie mir früher gegeben ... a ... jetzt ... Schwester ist es so, wie ich immer wollte ... ja ... ja ...« Seine Knie geben nach, er sinkt vornüber auf das wimmernde Mädchen und röchelt noch einmal leise.

Peperl hat sich längst von der Ohrfeige erholt. Sie sitzt auf dem Teppich und bearbeitet ihren Kitzler in rasender Hast. Der Vorgang hat sie maßlos aufgeregt. Da sie nun den Mann röchelnd niedersinken sieht, ist es auch bei ihr soweit, und der erlösende Krampf durchschüttelt ihren Körper. Sie fällt auf den Rücken zurück, die Hand noch immer an der Fut.

Mali liegt mit totenblassem Gesicht da. Ihre weitgeöffneten Augen starren ins Leere. Die Tränen tropfen langsam über ihre Wangen. Die Dicke geht zu ihr und reinigt mit einem Schwamm die Fut und streicht dann einen lindernden Balsam auf die klaffende Wunde.

Scheißerle liegt auf dem Rücken auf dem Teppich, und sein Schwanz hängt matt aus dem Hosentürl. Sinnend steht die Dicke vor ihm und betrachtet die Szene. Dann kniet sie nieder, zieht ihm das Hoserl ganz herunter und entblößt so seine haarigen Schenkel. Andächtig beugt sie sich über seine matte Nudel und beginnt sie mit weicher Zunge zu reinigen. Ein Zittern läuft durch seinen Körper und er sagt leise: »Zieh dich jetzt aus, Bozena.«

Bozena, so also heißt die Dicke, läßt sich das nicht zweimal sagen. Hurtig bindet sie die weiße Schürze ab, schlüpft aus dem schwarzen Kleid und steht nun in Hose und Hemd da.

»Zieh dich auch aus«, befiehlt sie der Peperl, während bei ihr die letzten Hüllen fallen.

Peperl sieht erstaunt auf den nackten Körper. Zwei mächtige Brüste mit braunen, fast fingerdicken Brustwarzen wölben sich über dem breiten Bauch. Die tiefschwarze Flut der Schamhaare zieht sich fast bis zum Nabel. Die weißen dicken Schenkel tragen einen Arsch der riesengroß ist und lauter neckische Grübchen hat. Peperl sieht bewundernd auf das kolossale Weib, das sich nun dicht neben dem gierig zusehenden Scheißerle auf den Teppich hinstreckt und ganz still liegt.

Der Mann liegt noch immer still. Seine Augen sind geschlossen. Als er nun das atmende Weib neben sich fühlt, tastet seine Hand nach ihr, fährt streichelnd über ihren Bauch und sagt leise: »Mama, schau, wer da kommt!«

»Sei still, ich schlaf«, sagt die Bozena.

Da setzt er sich mit einem Ruck auf und starrt gierigen Blickes auf die Fleischmassen.

Peperl, die nun bis auf die Sandalen und die Haarschleife vollständig nackt ist, steht mitten im Zimmer und weiß nicht, was sie tun soll. Nachdenklich nagt sie am Zeigefinger der linken Hand, während ihre rechte ihren heute so vernachlässigten Kitzler streichelt.

Bozena markiert ein sanftes Schnarchen. Da winkt der Mann der Peperl. Sie geht ganz nahe hin und sieht auf die beiden hinunter.

Nochmals winkt er, daß sich die Peperl ganz herunterbeugen soll. Er flüstert ihr leise ins Ohr:

»Jetzt können wir uns die Mama einmal anschauen, Gretel. Sie merkt jetzt nichts, weil sie schläft. Schau, was die für große Dutti hat.«

Er nimmt eine der mächtigen Brüste mit zwei Fingern bei der braunen Brustwarze, hebt sie hoch und läßt sie dann auf den Bauch klatschen. Bozena scharcht weiter. Jetzt wird die Peperl von dem Spiel begeistert und flüstert: »Ich möcht die Fut von Mama sehen. Schau Scheißerle!«

Und siehe da, die schlafende Bozena schiebt ihre massigen Beine auseinander ... Peperl ist erschüttert! Daß es so etwas gibt, das hätte sie sich nicht träumen lassen. Zwischen dem dichten Wald schwarzer Haare liegt die Fut der Dicken dem Blick preisgegeben. Doch was heißt hier Fut! Das ist keine noch so große Fut, das ist der Wunschtraum jedes onanierenden Knaben! Ein gewaltiger Kitzler in lilabrauner Farbe bewacht ein gähnendes Loch, das auf die Peperl eine unwiderstehliche Anziehungskraft ausübt. Sie starrt hin und sieht, wie die Schamlippen, groß wie Elefantenohren, geil erzittern. Zage steckt die Peperl ihre Hand in die warme atmende Fut. Dann greift sie nach dem Kitzler, der sich mit einem Ruck aufrichtet und die Größe einer Pflaume erreicht. Bozena zuckt bei der Berührung zusammen, läßt aber sofort wieder ein paar Schnarchtöne hören. Peperl sieht gleich, daß da ihr Finger nicht ausreicht und massiert nun den Kitzler gleich mit der ganzen Hand. Die Bozena seufzt tief auf.

Gierig sieht der Mann Peperls Beginnen zu. Immer aber schielt er ängstlich auf die Schlafende. Peperl ist erregt. Mit der geballten Hand führt sie die mächtige Fut auf und ab. Da kann sie auf einmal nicht widerstehen und stößt ihren Arm in das riesige, gierig klaffende Loch, daß er gleich bis fast zum Ellbogen verschwindet. Bozena läßt einen kleinen Quatscher hören, macht aber die Augen nicht auf und beginnt sich am Arm der Peperl leise zu reiben. Die Peperl wird immer geiler. Da drängt der Scheißerle die Peperl weg.

»Das darfst du nicht tun. Ein Mäderl hat in einer Fut nichts zu suchen!«

»Na, dann laß mich mit dem Schwanz spielen«, fordert die Peperl und greift geil nach seiner Lanze, die eben Anstalten macht, sich wieder zu erheben.

»Nein, das geht nicht. Ich will jetzt die Mama vögeln. Aber etwas kannst du tun — sagt er schon ganz erregt — wenn ich meinen Schwanz in der Mama hab, dann kannst du ihren Kitzler reiben, das regt sie auf. Willst du?«

Peperl ist gleich einverstanden. Sie will sich gerade an den ihr zugewiesenen Platz begeben, als plötzlich Malis noch ein wenig benommene und matte Stimme zu hören ist.

»Und was ist mit mir? Ich möcht doch auch mitspielen!«

Entzückt sieht der Mann in das blasse Gesicht der Mali und weist ihr dann den Platz an Bozenas jetzt fingerdick angeschwollenen Brustwarzen zu.

»Du mußt sie richtig auszuzeln, Lieserl«, erklärt er, »und wenn es der Mama kommt, dann beiß nur fest zu. Sie wird schon nicht so schnell wach werden. Du Gretel, reib ihr nur fest den Kitzler, sei nicht zaghaft, die hält schon was aus, fest ziehen und drücken.«

Bei dem Gespräch geht ein merkwürdiges Zucken durch Bozenas Leib, und die Fut beginnt zu rinnen, wie eine Quelle.

Scheißerle setzt nun den jetzt wieder hochaufgerichteten Schwanz an und rennt ihn in die Riesenfut. Peperl geilt den Kitzler mit beiden Händen so fest sie das nur kann, und die Mali saugt an den Brustwarzen, als ob es eine Karamelle wär. Bozena keucht und stöhnt, spricht aber kein Wort und läßt nur ab und zu ein leichtes Schnarchen hören. Eifrig sind die beiden Mädel mit den ihnen zugewiesenen Lustgegenständen beschäftigt, und der Scheißerle röhrt wie ein Hirsch und vögelt dabei wie ein Hengst.

Die Peperl sieht, daß ihre Hände bei der Remmlerei am Kitzler nur störend sind und sieht sich nach einem neuen Betätigungsfeld um. Sie entdeckt es am Hodensack vom Scheißerle. Sie kniet sich dicht hinter den Mann und hascht nach seinen springenden Hoden. Da hat sie aber plötzlich eine Idee. Erst langsam und dann mit einem Ruck schiebt sie ihren Finger in das Arschloch des vögelnden Mannes. Dieses Eindringen bringt Scheißerle derart in Rage, daß er wie eine Maschine zu remmeln beginnt, und es der Peperl überhaupt nicht mehr möglich ist, die Eier von ihm zu erhaschen.

Malis Fut brennt noch immer, aber diese Vögelei regt sie auf, und sie schiebt sich langsam mit ihrer Fut auf Bozenas Gesicht. Spielend und schmatzend fährt ihre Zunge über das wunde Löcherl. Peperl sieht das, und sie denkt traurig, nur ich gehe heute immer leer aus. Vor Wut stößt sie mit zwei Fingern zugleich in das Loch vom Scheißerle. Das gibt ihm den Rest.

»Mama, Mama«, röhrt er auf, mein Gott, was hab ich getan?«

Wild spritzend fällt er auf den weichen Bauch der Bozena, die gleich Malis Fut fahren läßt, denn auch ihr ist es gekommen. Keuchend liegt der Scheißerle auf dem Fleischberg Bozenas. Ein wenig verdattert hockt die Mali auf dem Boden. Die Peperl steht verärgert da und spielt noch immer an ihrer hungrigen Fut herum.

Da setzt sich die Bozena auf und sieht sich um. Ihr Gesicht ist ganz gerötet, ihre Augen glänzen. Sie greift nach dem Rohrstaberl, das neben ihr liegt, schwingt es durch die Luft und zieht Scheißerle einen festen Hieb über den nackten Hintern, daß er heulend aufspringt.

»Ich werd's dir geben, deine Mutter zu ficken« schreit sie. »Da gehst her, du Lausbub! Was hast du denn gemacht?«

Demütig schleicht der Scheißerle näher, versucht seinen hängenden Schweif mit den Händen zu bedecken.

»Ich ... ich ...«, stottert er, »ich hab nur sehen wollen, was du zwischen den Schenkeln hast, Mama. Aber die Gretel« — seine Stimme wird eigentümlich eifrig und anklagend zeigt er auf die Peperl —, »sie hat mich verleitet, sie hat gesagt, du schläfst fest und wirst es nicht merken. Sie ist dir auch bis zum Ellbogen mit der Hand in die Fut gefahren, und da hab ichs auch probieren wollen. Bitte um Verzeihung, Mama, ich werd es auch nie wieder tun.«

Bozena hat ihn ausreden lassen. Dann dreht sie sich unheildrohend zu der Peperl und läßt den Rohrstab durch die Luft pfeifen. Schwerfällig steht sie auf und macht einen Schritt auf die Peperl zu. Diese harrt gelassen der Dinge, die da kommen. Sie spielt immer noch eifrig mit ihrem Kitzler.

»Gib die Hand aus der Fut, wenn ich mit dir red«, sagt die Bozena zornfunkelnd.

Doch die Peperl denkt nicht daran. Der Anblick der monumentalen Frau erregt sie zu sehr.

»Die Hand sollst aus der Fut geben, sag ich dir, du Schweindl! Erst verleitest du den Scheißerle zu einer Sünd und dann spielst dich vor aller Augen an der Fut und bringst mir den guten Buben auf noch schlechtere Gedanken.«

Ehe die Peperl noch ein Wort sagen kann, pfeift der Rohrstock auf ihren nackten Arsch und hinterläßt gleich einen breiten roten Striemen. Peperl quietscht auf wie ein junges Schwein, dem das Messer an der Kehle kitzelt und macht einen Satz zur Tür. Aber die Bozena ist flinker. Ihre riesigen Brüste fliegen nur so, als sie die Peperl im Sprung erhascht. Jetzt hält sie die Zappelnde fest im Arm.

Die Mali windet sich vor Lachen am Boden. Sie hat die Schmerzen schon lang wieder vergessen und ist eitel Schadenfreude.

Scheißerle sieht mit gierigen Blicken auf Peperl, die kratzt und mit den Beinen tritt, um wieder frei zu kommen.

Die Bozena hat zu tun, daß sie die Strampelnde festhalten kann, doch mit ein paar geübten Griffen hat sie die Peperl auf den Diwan hingeworfen und hält sie fest. Die Peperl liegt auf dem Bauch und zeigt den nackten Hintern, den der rote Striemen wie ein Ordensband ziert.

Scheißerle schleicht näher und betrachtet die zwei weißen, vollendet gebauten Halbkugeln und die trennende Kerbe, in deren Tiefe er das kleine braune Arschloch von der Peperl mehr vermutet als sieht. Die Peperl atmet schwer und windet sich unter den festzupackenden Händen der Bozena.

»Jetzt hab ich dich, du Schlampe. Jetzt folgt die Strafe, weil du deinen Bruder zu solch einer Schweinerei verleitet hast.«

»Ja, die Strafe«, sagt der Scheißerle und schluckt schwer, »die muß sie haben, die Gretel.«

»Nimm den Rohrstab, Buberl, ich muß die kleine Schlampe halten. Hau ihr den Arsch so richtig voll.«

Gehorsam nimmt er das Staberl und streicht einmal sanft über den ihm so niedlich hingehaltenen Popo. Peperl zuckt auf, obwohl sie den Streich fast nicht gespürt hat und schreit laut: »Au!«

»Wirst du wohl fester schlagen!« schreit die Bozena.

Doch der Mann läßt sich nicht stören. Sanft, ja fast zärtlich kost das Staberl die Hinterfront der Peperl und hinterläßt darauf nur eine leichte Röte. Ein paarmal schreit die Peperl noch auf, dann überflutet sie ein merkwürdiges Gefühl. Sie muß an die Ohrfeige vom Ferdi denken, und schon beginnt ihre kleine Fut unerträglich zu jucken. Sie wetzt hin und her und gibt keinen Laut mehr von sich. Unbewußt wölbt sich ihr Hintern dem Stab entgegen, und der Scheißerle fühlt sich dadurch maßlos gereizt. Sein Schwanz erhebt sich wieder und beginnt zu jucken. Doch je mehr sich der Schwanz aufrichtet, um so mehr werden auch die Schläge stärker und hinterlassen jetzt schon ziemliche Striemen, so daß die Peperl jetzt wirklich schreien muß. Aber eigentlich schreit sie nicht aus Schmerz. Es ist ein eigentümliches Gefühl das sie durchbebt, ein Gemisch aus Lust und Schmerz. Sie wünscht sich, daß er zu schlagen aufhöre, doch wie er nur eine Sekunde zögert, wartet sie fiebernd auf den nächsten Schlag. Während des Schlagens hat sie unwillkürlich ihre Schenkel ein wenig auseinandergegeben und nun fühlt sie, wie sich ein dicker Finger in ihre Fut hineinzwängt und an ihrem Kitzler einen Wirbel schlägt. Das geilt sie so auf, daß sie ›Ach‹ und ›O‹ schreit. Was aber bewirkt, daß die Hiebe jetzt dicht wie Hagelschläge auf den Arsch treffen, daß dieser in kurzer Zeit hochrot glänzt und zugleich vor Schmerz und Wollust zu zucken anfängt. Ein siedendheißer Strom durchglüht die Peperl bis in die Fußspitzen und schüttelt sie vor Geilheit.

»Ficken will ich«, schreit sie laut, »wenn ich nicht bald einen Schwanz in die Fut krieg, so verbrennt sie mir!«

Im selben Moment wird sie herumgerissen, und schon bohrt sich der feste heiße Schwanz des aufbrüllenden Mannes in ihre schnappende Fut. Krampfhaft klammert sie ihre Schenkel um den Mann, als hätte sie Angst, daß er wieder herausgeht. Bei jedem Stoß geht das Mädchen mit in die Höhe. Sie läßt sich nicht abschütteln. Sie wird halb wahnsinnig vor Lust, überall in ihrem Körper glaubt sie den Schwanz zu fühlen. Plötzlich fühlt sie eine weiche schmeichelnde Zunge an ihren Brüsten schlecken. Sie wimmert auf vor Lust. Es ist, als ob tausend Schwänze ihre Fut beglücken würden.

Sie kann es nicht mehr ertragen, und das bestimmte Gefühl schleicht sich heran.

»Es kommt mir«, schreit sie auf, »nun muß ich aber spritzen. Zu lange habe ich warten müssen, bis mich ein Schwanz zur Erlösung getrieben hat, ich bitt euch, noch nicht aufhören, nicht auslassen ... !«

Scheißerle wütet wie ein Berserker in Peperls Fut. Er ist geil bis zur Raserei, denn die Mali tut jetzt das, was die Peperl ihm früher tat, sie bearbeitet sein hinteres Loch.

Der Scheißerle stößt wie ein Wahnsinniger. Er hat plötzlich seinen Mutter- und Schwesternkomplex vergessen, er spürt nur das eine, daß er ein Weib vor sich hat. Mit einem einzigen Stoß entlädt er sich und bricht über der befreit aufzuckenden Peperl zusammen. Jäh erhebt sich dann der Mann, keinen Blick wirft er mehr auf das nackte Fleisch um sich herum, und geht mit großen Schritten aus dem Zimmer.

Bozena erhebt sich ächzend. Schwerfällig schwanken ihre Beine.

»Also, brav wart's Mädeln«, sagt sie und beginnt sich anzukleiden.

Die Peperl liegt noch mit offenen Beinen auf dem Diwan. Die Bozena geht und besieht sich die atmende Fut.

»Hast eine klassische Fut, fickst wie eine Große. Ja, ja, das Ficken kann man nicht lernen, das muß man verstehen, und du verstehst es wirklich gut! Aber eines kann ich dir sagen, laß nicht jeden Klachel vögeln, sonst kommt die Fut aus der Facon. Immer nur feine Herren drüber lassen, denn wenn ein gebildeter Schwanz dich fickt, dann bleibt die Fut lang schön und klein. So, und nun aber ins Badezimmer und ausziehen.«

Mali hat sich wieder der großen Puppe bemächtigt und wiegt sie zufrieden im Arm. Sie hat schon vergessen, daß ihr vor kurzer Zeit erst die Jungfernschaft, der einzige Besitz den ein bürgerliches Mädchen hat, geraubt wurde.

Faul dehnt sich die Peperl und geht dann mit langen Schritten hinter der Bozena ins Badezimmer. Sie denkt jetzt nur mehr an das Geld, das sie bekommen wird. Schön ist die Peperl, wie sie so dahinschreitet auf ihren langen Beinen, mit dem sanft gewölbten

Bauch und den zärtlichen Brüstchen. Zu ihrem Erstaunen spürt sie keinerlei Schmerz auf ihrem Popo. Ohne Bedauern schlüpft sie nun in ihr grobes Leinenhemd und ihre alten Kleider, zieht die feinen Sandalen aus und ihre derben Schuhe an. Bozena räumt all das feine Spitzenzeug in den Schrank.

Mali ist da anders. Jedes Stück, das sie vom Körper ziehen muß, begleitet ein trauriger Blick. Ja, sie rümpft das Näschen, als sie den Geruch der eigenen Kleider spürt. Wenn sie nur hier hätte bleiben können, sie hätte in ein paar Tagen schon Ottakring und ihre ganze Umgebung vergessen.

Ihre traurige Miene hellt sich erst auf, als eine Männerhand durch einen Spalt der Badezimmertür ein Kuvert wirft, dessen sich die Peperl sofort bemächtigt.

Die Mädchen tappen durch das dunkle Vorzimmer. Die Peperl hält krampfhaft das Kuvert, und die Mali wirft noch einen bedauernden Blick auf die Tür des Märchenzimmers.

»Also, kommt gut nach Haus«, sagt verabschiedend die Bozena, und die Mädchen schleichen mit einem ›Küß die Hand‹ hinaus. Leise schließt sich die Tür hinter ihnen.

Unten im schützenden Haustorwinkel öffnet die Peperl das Kuvert. Der blonde und der braune Mädchenkopf starren gierig auf den Inhalt. Dann schöpfen beide tief Atem und sagen wie aus einem Mund: »Hundert Schilling« und die Mali kommt mit einem Echo: »Hundert!«

Schweigend sehen sie einander an. Dann aber breitet sich ein Lächeln über Malis Gesicht, und sie sagt: »Hundert Schilling für nichts und wieder nichts.«

»Wieso für nichts?« fragt die Peperl, »haben wirs nicht verdient?«

»Wir nicht«, verbessert die Mali, »unsere Fut hats verdient.«

»Meine Fut und ich, das ist ein und dasselbe. Aber was tun wir jetzt?«

»Hoffentlich hat der Zuckerbäcker noch nicht zu«, entsetzt sich die Mali, und die beiden laufen die Straße hinauf.

In der Laudongasse ist kein Zuckerbäcker, und so gehts hurtig weiter, bis die Mali in der Alserstraße schreit: »Da schau, da ist eine Konditorei!«

Heute gibt es kein vorsichtiges Aussuchen, heute braucht man nicht hundertmal überlegen, was höchstens zehn Groschen kostet und wovon man dann noch am längsten hat. Mali zeigt mit spitzen Fingern einfach auf die begehrten Herrlichkeiten, und da die Peperl den Hunderter offen herzeigt, wird die Verkäuferin nicht müde, Berge von Süßigkeiten auf das Tablett zu legen. Peperl zahlt und bekommt noch 88 Schilling zurück.

»Bleibt für jede 44«, stellt die Mali mit vollem Mund fest, als sie bereits dem Gürtel zuwandern.

Im Eingang der Tür steht die Verkäuferin und schaut einmal auf die Mädchen und einmal auf den Hunderter.

Na schön, denkt sie, irgend etwas stimmt da nicht, aber den wahren Grund des Gelderwerbs der Kinder scheint sie sich nicht einmal wagen auszudenken.

»Und der Ferdi?« fragt lachend die Peperl, »wieviel geben wir dem feinen Herrn? Einen Dreck kriegt der elende Strizzi!«

Mali ist absolut dafür, den eigenen Verdienst für sich selbst zu behalten. »Das haben wir mit unserer eigenen Fut verdient«, meint sie, und die Peperl sieht das ein. Sie denkt daran, daß der Kukilo ihr von dem Geld des Grafen nur für 50 Groschen Eis gekauft hat, dieser Schmutzian. Der hat sich bestimmt eingebildet, daß die Peperl weiter für ihn vögeln wird und er dann das ganze Geld kassieren kann.

»Der Schmutzian bekommt nicht einen luckerten Heller!«

»Und was sagst ihm, wenn er fragt?«

»Dann sag ich ihm, dem Kukilo, ab nun soll er mich am Arsch lecken und daß ich ihm jetzt nichts mehr geben werde.

Meine Fut halt ich hin und meine Votze müssen die Männer bezahlen, das ist gewiß. Ich weiß nun den Wert und werd es mir auch entsprechend bezahlen lassen!«

7

Peperl steht vor der langen Flanke der Wurlitzergasse und wartet auf die Mali, die noch immer nicht mit dem Geschirrabwaschen fertig ist. Frau Wondraschek hält etwas auf Erziehung zur Arbeit. Ehe die Küche nicht sauber aufgewaschen ist, darf die Mali nicht auf die Straße. Was aber das Mädel dann den langen Nachmittag tut, danach fragt sie nicht. Sie ist eine von jenen Müttern, die der Ansicht sind, daß man nur bei der Nacht vögeln kann. Deshalb ist die Mali auch immer abends pünktlich zu Hause, und das genügt, um die Mutter an dem einwandfreien sittlichen Lebenswandel der Tochter nicht zweifeln zu lassen.

Peperl liest gründlich die verschiedenen Aufschriften auf der Holzplanke. *Die Fut ist ein Raubtier, sie nert sich von vögel!* Die fehlerhafte Rechtschreibung stört sie nicht, und sie lacht so versonnen vor sich hin. Vor dem letzten Brett der Planke bleibt sie stehen und äugt schiefen Blickes auf den Spruch und die dazu passende Zeichnung. Da ist ein auf die Spitze gestelltes Quadrat mit einem Punkt in der Mitte, daneben ein Strich mit zwei Kugeln dran, dessen Spitze direkt auf den Mittelpunkt des Quadrates zeigt. Auch ohne den darunter stehenden Spruch — *Nudel und Fut vertragen sich gut* — erkennt ein jedes Kind diese primitive Zeichnung. Was Peperl an dieser Zeichnung aber so fesselt, ist weder die Originalität des Spruches, noch die sorgsam ausgefertigte Zeichnung, sondern, daß dies alles ein Produkt ihrer fleißigen Hand ist. Peperl kann niemals an der Planke vorbeigehen, ohne dieses Werk wohlgefällig zu betrachten.

Mit drei Schillingstücken klimpert die Peperl in der Tasche und seufzt. Das ist alles, was ihr von dem Verdienst in der Laudongasse übrig geblieben ist. Vier Tage haben sie und Mali und noch ein paar Günstlinge aus der Schule in den Zuckerlgeschäften der Umgebung ein wahres Prasserleben geführt, doch nun ist das Ende da. Drei lausige Schilling und damit will sie heute in den Prater gehen. Sie hat sich schrecklich geärgert, daß ihr der Prater nicht schon früher eingefallen ist, denn für den Prater braucht man viel Geld. Mit diesen drei Schilling wird sie aber nicht viel Ringelspielbesitzer beglücken. Aber vielleicht findet sich im Prater jemand, der ihr die Fut angreifen will und ihr dafür Geld gibt. Bei diesem Gedanken heitert sich ihr Gesicht zusehends auf. Seit gestern hat sie immer wieder mit dem Gedanken gespielt, zu Herrn Kukilo zu gehen, aber immer hat sie den Gedanken gleich wieder verworfen. Sie ist sicher, daß er sie fürchterlich verprügeln würde, und dazu hat sie absolut keine Lust. Nicht des Schmerzes wegen, denn der geht vorbei und ist eigentlich gar nicht so unangenehm. Im Gegenteil, denkt sie mit leichtem Schauer, und greift sich durch das Loch in der Kleidertasche ein bissl an die Fut. Nein, nicht deswegen ist es, aber es zieht sie nichts mehr zu ihm hin. Ihre Liebe zu ihm ist verflogen, seine dünne Nudel ist keine Sensation mehr für sie.

Ja, die Nudel in der Laudongasse, die hat ihr ein viel größeres Vergnügen bereitet. Peperl ist das, was man im Volksmund ein ›Gustomädel‹ nennt. Sie liebt nur so lange einen Schwanz und ist ihm treu, solange er in ihrer Spalte steckt! Aus der Votze — aus dem Sinn. — Was sie aber an Kukilo am meisten erbittert hat, ist die Tatsache, daß er das ganze Geld des Grafen für sich behalten hat und der Meinung war, das würde immer so weiter gehen. Gut, er hat ihr gesagt, wo sie hingehen soll, das stimmt ja. Das erkennt die Peperl auch an. Wenn er aber wenigstens mit ihr geteilt hätte, sagen wir halb und halb, dann wäre alles in Ordnung gewesen. Aber so wie er es getan hat, nein und nochmals nein! Peperl ist also entschlossen selbständig zu sein, und sie rechnet ganz richtig. Männer gibt es genug, jeder hat einen Schwanz und jeder will vögeln. Und was hat sie? Sie hat eine Fut, die sie zu diesem Zwecke zur Verfügung stellen wird. Sie tut dies sogar mit dem größten Vergnügen. Es handelt sich jetzt also nur noch darum, ihre Fut mit den Schwänzen von zahlungsfähigen Männern in Verbindung zu bringen. Minderwertigkeitskomplexe hat die Peperl keine, aber auch schon gar keine. Sie ist fest davon überzeugt, daß sie das Kind schon schaukeln wird.

Mit wehendem Rock kommt die Mali über die Straße gerannt.
»Servus Peperl«, sagt sie atemlos, »hast schon lang gewartet?«
»Lang genug. Was ist, wieviel Geld hast du noch?«

Mali kramt in der Tasche und bringt zwei Schilling achtzig Groschen zum Vorschein. Das hält sie Peperl hin und meint: »Das ist alles was ich noch hab von meinem ersten Liebeslohn.«

»Nun, ich hab noch drei Schilling, macht zusammen fünf achtzig. Also gehn wir!«

Die Fahrt im C-Wagen ist lang, aber angenehm. Die beiden sitzen mit einem alten Herrn in einem Abteil, er sitzt ihnen gegenüber und schaut absolut interesselos über ihre Köpfe hinweg aus dem Fenster. Plötzlich zeigt die Mali kichernd auf das Gegenüber. In den letzten Tagen ist ihr erster Blick immer bei einem Mann auf dessen Hosentürl gerichtet. So merkt sie sofort, daß der Alte dort gegenüber einen Knopf zu schließen vergessen hat. Peperl aber kichert nicht und sieht dem Herrn fest in sein gerötetes Gesicht. Langsam und wie zufällig schiebt sie ihre Beine ein wenig auseinander und lächelt ihn an. Der Mann wird noch roter im Gesicht und stiert wie gebannt auf Peperls nackte Knie und Waden. Sie fühlt direkt seine Blicke wie ein Streicheln auf der Haut und sieht sich forschend um. Der Wagen ist fast leer, nur im vorderen Abteil sitzen zwei eifrig tratschende Frauen und ein Mann, der Zeitung liest. Der Schaffner auf der Plattform schläft halb im Stehen, und so wagt es Peperl und zieht wie unabsichtlich ihren Rock noch höher hinauf. Sie spannt ihn fest um die Schenkel und öffnet diese noch ein wenig mehr. Sie plaudert angeregt mit der Mali, um das Gegenüber kümmert sie sich scheinbar überhaupt nicht. Nervös ziehen ihre Finger den Rock einmal weiter hinauf und dann wieder herunter. Doch das Hinaufziehen ist immer mit einem leichten Lüften des Rockes verbunden. Der alte Mann gegenüber atmet schwer. Wenn er den Kopf nur ein wenig senkt, dann kann er leicht den dunklen Haarfleck sehen, der Peperls Fut beschattet. Aus den Augenwinkeln heraus mustert Peperl ihr Gegenüber. Aus dem schönen Anzug und der dicken Hornbrille schließt sie, daß er viel Geld hat. Als Nutzanwendung aus dieser Überlegung zieht sie einen Fuß hoch und nestelt an ihrem Schuhriemen. Nur ein paar Sekunden lang dauert dieses Manöver, aber doch lange genug, um Peperls talentierte Fut für den alten Herrn frei sichtbar zu machen. Die Augen treten ihm aus den Höhlen, die Hände beginnen zu zittern, aber da war es schon vorbei. Peperl ließ den Fuß betont langsam von der Bank und ordnete umständlich den Rock. Die Vorstellung war aus, und das Mädchen schaute unschuldig lächelnd auf den ganz aus der Form geratenen Mann.

»Praterstern«, schnarrte der Schaffner. Die Mädchen stehen auf, gehen langsam nach vorn, und Peperl streift dabei wie unabsichtlich fest an dem Knie des Mannes vorüber. Leichtfüßig springen sie dann von dem Wagen. Mali hakt sich bei der Peperl ein und will sie fortziehen. Peperl geht aber betont langsam. Sie hofft, daß der Herr nachkommen wird. Sie wirft einen schrägen Blick hinter sich und merkt, wie der Mann zögert, da lächelt sie ihn aufmunternd an. Als sie sich noch einmal umwendet, sieht sie ihn vor dem Tor eines Hauses in der Heinestraße stehen. Er winkt ein wenig mit dem Kopf und verschwindet in dem Tor.

»Komm Mali«, sagt die Peperl und wiegt sich auf den Fersen.

Sie geht rasch dem Alten nach. Die Mali versteht erst nicht, was das alles soll, doch als sie den Alten dann im Haustor stehen sieht, ist sie sofort im Bilde. Als sie bei dem Mann ankommen, meint er: »Na, was ist denn mit euch beiden?«

Peperl lächelt ihn an und meint: »Wollen Sie uns die Fut angreifen?« Sie sagt es ganz leicht hin und hebt den Rock auf.

Gierig schaut der Mann hin und streckt auch schon die Hand aus, um Peperls Fut zu fassen. Die läßt aber in diesem Moment den Rock fallen und meint: »Und was geben Sie uns dann überhaupt dafür?«

Tiefe Enttäuschung malt sich auf dem Gesicht des alten Herrn. »Also Huren seid ihr und Geld wollt ihr haben!«

»Ja, was glauben Sie denn, glauben sie denn wir sind Sternkreuzordensdamen! Freilich sind wir Huren und deshalb: Ohne Geld keine Musi!«

Wieder hebt sie ihren Rock auf, aber diesmal gleich bis zum Nabel. Gleichzeitig schiebt sie ihre Beine auseinander. Die Mali, die bis jetzt nur zugesehen und zugehört hat, tut nun dasselbe, und dem Herrn bietet sich nun der Anblick zweier junger, sehr schöner Votzen. Das Wasser läuft ihm im Mund zusammen.

»Wieviel verlangt ihr denn?« Er sieht sich ängstlich um.

»Fünfzig Schilling«, sagt die Peperl, »aber dafür dürfens mich auch schlecken und pudern.«

»Das kann man da nicht. Es könnte ja jemand kommen!«

Seine Hand greift an Peperls Fut und fingerlt gleich an ihrem Kitzler.

»In so einem feinen Haus kommt niemand. Die Mali kann ja beim Haustor aufpassen, damit uns niemand stört.«

Mali stellt sich gleich gehorsam zum Haustor und gibt mit der Hand das Zeichen, daß es losgehen kann. Der Mann beginnt an Peperls Fut zu spielen und gibt ihr auch gleich seinen Stempel in die Hand. Eine so kleine Nudel ist für Peperl was Neues. Weich und vertrocknet liegt sie, ein Häufchen Haut, in ihrer Hand.

»Nimm ihn in den Mund« befiehlt der Alte. Peperl bückt sich und beginnt zu schlecken. Etwas größer wird der Schwanz ja bei dieser sorgfältigen Behandlung, aber sehen lassen kann er sich immer noch nicht. Die Peperl tut ihr Möglichstes, derweil die Hand des Alten in ihrer Fut wühlt. Viel versteht der Finger nicht, denkt sich Peperl, als sie spürt, wie die halbsteife Nudel in ihrem Munde zu zucken beginnt. In diesem Moment nimmt der Alte seine Hand aus ihrer Fut und lehnt sich erschöpft an die Wand. Er erholt sich langsam, steckt seine Nudel in die Hose, wirft auf Peperl einen bösen Blick und läuft mit großen Schritten auf die Straße hinaus.

Peperl sieht ihm ganz verdattert nach und geht zur Mali.

»Was hat er dir gegeben?«

»Nichts! Nicht an Tupf! So ein Gauner! So ein Gauner! Und dabei hab ich ihn noch geschleckt, das werd ich mir nie verzeihen. So ein Hundling, so ein schäbiger.«

Die beiden Mädchen starren dem Alten nach, der eben im Gewühl des Pratersterns verschwindet.

»Na, mir soll noch einmal einer kommen«, schwört die Peperl.

»Zuerst das Geld und dann die Fut. Ich hab gar nicht gewußt, daß ein so feiner Herr so ordinär sein kann. Läßt sich ganz umsonst einen schlecken. Ja, man lernt nie aus, das sagt meine Tante auch immer. Wenn ich das gewußt hätt, ich hätt ihm die Nudel abgebissen, dem Hundling. Aber so etwas wird mir nimmer passieren. Gehn wir Ringelspielfahren, sonst frißt mich die Wut noch auf. Komm Mali!«

Hand in Hand gehen nun die beiden jungen Huren über den Praterstern in den Wurstelprater. Als Peperl sich dann selig auf einem Schwein beim Karussell hin- und herwiegt, hat sie schon vergessen, daß sie heute ihren ersten ›Blitzer‹ erfahren hat.

Das Leben ist herrlich, denkt die Peperl und schwingt sich hoch in der Kettenschaukel. Ihre nackten Beine schwingen große Kreise, ihr Rock flattert, entblößt die Schenkel bis zum Bauch. Sie merkt nicht, daß sie eine Gratisvorstellung für den immer größer werdenden Haufen Männer, der da unten steht und entzückt hinaufstarrt, gibt. Noch einmal und noch einmal und immer wieder zahlt die Peperl ihre zwanzig Groschen und schaukelt selig und selbstvergessen. Dann steigt sie ab, denn sie hat nur mehr einen Schilling, und der muß für den Zirkus reserviert bleiben.

Noch atemlos von dem unschuldigen Genuß drängen sich die beiden Mädchen durch die Mauer der Burschen. Sie fühlen Hände, die auf ihren Hintern tappen und an ihre Brüste greifen, und lassen es lachend geschehen. Langsam schlendern sie durch den Prater. Vor jeder Bude bleiben sie stehen, der Schilling brennt in der Tasche. Doch um keinen Preis wollen sie ihn ausgeben, denn der Zirkus lockt, als hinge ihre Seligkeit davon ab.

Wenn mir der Hund wenigstens einen Zehner gegeben hätt, denkt die Pepi. Was könnte man sich für ein Vergnügen leisten. Na, hoffentlich kommt noch einer, der mich fickt, denn ficken möcht ich selbst und dann muß er noch dafür zahlen. Aber diesmal schon bevor er seinen Lustschwengel in die Fut steckt.

Sie schlendern weiter, und plötzlich vor einer Bude zaudert die Pepi. Da steht ein Riesenkerl von einem Mann, mit bergigen Muskeln und nur einer winzigen Hose, nackig auf einem Podium. Der Anreißer verkündet mit schreiender Stimme, daß Goliath jeden

Mann auf den Rücken legt, der mit ihm ringen will. Bei den Damen tut er es auch ohne Ringen, meint der Ausrufer! Die Peperl verschlingt den halbnackten Mann mit den Augen.

»Hörst«, sagt sie sehnsüchtig zur Mali, »der muß eine Nudel haben. Mit dem möcht ich gleich vögeln, und er müßte mir gar nichts zahlen.«

Schwer nur kann die Mali die aufgeregte Peperl weiter bringen. Es gelingt ihr erst, als der Ringer im Inneren der Bude verschwindet. Die Vorstellung beginnt, und die Peperl möchte liebend gern hinein, aber dann siegt doch der Gedanke an den Zirkus.

Da lockt die Zirkusstadt auch schon in all ihrer Pracht. Die vielen Glühlampen brennen trotz des hellen Nachmittags. Cowboys mit langen Fellhosen zügeln edle Pferde vor dem Eingang. Eine Araberfamilie in buntem Flitter gekleidet verschwindet eben hinter einem der Wohnwagen, die wie eine Mauer das Riesenzelt umgeben. Die Mädchen stehen und starren mit offenem Mund auf all diese Herrlichkeiten. Mali schwitzt vor Aufregung, so daß der Schilling, den sie fest umkrampft hält, ein Vollbad nimmt. Ein Elefant trompetet laut, und von irgendwoher antwortet das Gebrüll eines Löwen.

»Was war denn das? Vielleicht ein Nilpferd oder gar ein Drachen?« meint die Mali hoffnungsvoll. Ihr Traum ist es, einmal einen Drachen zu sehen.

»Also los, gehen wir uns Karten kaufen«, ermahnt die Pepi.

Sie stellen sich zu der Schlange vor dem Wohnwagen, der die Aufschrift ›Kassa‹ trägt. Doch da sie nun endlich an der Reihe sind, kommt die große Enttäuschung. Der billigste Platz kostet einsfünfzig. Die Peperl versucht die Mali zu überreden, daß sie ihr fünfzig Groschen borgt, sie wird ihr dann gewiß alles haargenau erzählen. Aber die Mali ist nicht dafür. Für ein Vergnügen aus zweiter Hand lehnt sie eine Kapitalbeteiligung ab. Peperl seufzt tief, und schon huschen ihre Augen in die Runde, ob sich nicht doch einer fände, der ihr die paar Groschen für eine tiefere Ermittlung ihrer Anatomie geben will. Aber leider, alle Blicke ringsumher sind auf das Wunderzelt gerichtet, niemand beachtet die herausfordernd hingehaltenen Brüstchen oder den kokett wackelnden Popo.

»Lies einmal, Peperl«, doch die aufgeregte Mali beginnt gleich selbst zu buchstabieren: »Menagerie nur 60 Groschen! Sag, was ist eine Menagerie?«

»Bist du blöd. Eine Menagerie, das sind Viecher!«

»Na, dann schaun wir uns halt die Viecher an, meinst net?«

Nach kurzer Überlegung kaufen sie zwei Karten für den reichhaltigen Tierpark, wie es so schön am Anschlag heißt.

Zwei Minuten später stehen sie im Halbdämmer des Nebenzeltes und atmen die streng riechende Luft der Menagerie. Peperl schnuppert aufgeregt. Ihr wird auf einmal so komisch zu Mute.

»Sag, was ist denn schon wieder los mit dir?« fragt die Mali. »Du verdrehst ja fast die Augen.«

»Jö, da riechts fein, so nach Schweiß und nach ich weiß net was, aber fein riechts halt! Der Geruch macht mich ganz aufgeregt. Dich auch Mali?«

Doch die Mali hört gar nicht zu. Sie starrt hingerissen auf die zwei Tigerbabys, die spielend durch ihren Käfig rollen und sich mit den Pfoten ohrfeigen. Durch die trennende Gitterwand sieht die Tigermama dem Tollen ihrer Sprößlinge zu, während der Papa grollend auf und ab streift, daß die Käfigwände zittern. Mit seinem Schweif peitscht er seine schwer atmenden Flanken und sieht böse und tückisch auf die wenigen Besucher der Menagerie. Viele Leute sind nicht da. Peperl sieht nur ein paar alte Jungfern, die gierig nach den Raubtieren schielen. Peperl zieht die Mali weiter. Sie sehen Elefanten, die ihnen die Rüssel erwartungsvoll entgegenstrecken. Beim Affenkäfig beobachten sie einen alten Schimpansen, der gelangweilt und behäbig an seinem Zumpferl herumspielt, das ganz rot aus seinem Fell hervorsteht. Die Mädchen schauen wie gebannt auf dieses Ding. Doch weiter gehts. Sie schlagen einen Vorhang zurück und stehen im Pferdezelt. Peperl schnuppert schon wieder genießerisch, denn hier ist die Luft und der Geruch, dieser bestimmte Geruch, noch intensiver. Sie hat schon wieder ihre Hand durch die Kleidertasche gesteckt und spielt an ihrem Kitzler, der sich gleich beim Einatmen dieser komischen Zirkusluft kampfbereit aufgestellt hat.

»Schau Peperl, schau dort hin, schau den Schimmel!«

Magnetisch angezogen geht die Peperl nun ganz nahe an das Tier und bückt sich, daß sie ja alles gut sieht. Der Hngst wiehert und bläht die Nüstern, schlägt mit dem langen prachtvollen Schweif gegen seine Flanken und scharrt mit den Hufen. Doch nicht das ist es, was die Peperl so fesselt. Sie starrt unter den Bauch des Tieres, von dem sich ein immer längerwerdender, rosafarbener und mannsarmdicker Schwanz abzuheben beginnt. Peperl verschlägt es den Atem.

»Herrschaft noch einmal«, sagt sie schluckend, »schau, das ist ein Schweif!«

»Sag, glaubst du, daß einen so ein Pferd richtig vögeln könnt?«

»Aber geh«, sagt die Peperl und starrt auf das rosarote Wunder vor ihr, »der möcht einem doch die Fut zerfetzen. Der kann doch nur auch ein Roß pudern, denn die Rösser haben doch eine viele größere Fut als die Menschen.«

»Sag, hast du schon ein Roß pudern sehen?«

»Ja, einmal«, sagt die Peperl träumerisch, sie verliert sich ganz in die Erinnerung, »einmal auf der Schmelz. Das war ein kohlschwarzer Hengst, und der hat auch so einen großen Tremmel gehabt wie der Schimmel da. Du, die Stute hat wie narrisch geschrien, als er sie angesprungen hat. Der Hengst hat aber nichts wie gepudert, gestoßen hat er, ich kann dirs gar nicht sagen wie. Na, wie halt ein Hengst stoßen tut. Kannst Dir das vorstellen?«

»Nein«, sagt die Mali und hockt sich neben die Peperl. Auch sie starrt nur noch auf den Schwanz, und ihre kleine Hand fummelt unter ihrem Rock herum.

»Du hörst Peperl, jetzt möcht ich gleich vögeln. Du net auch?«

»Ja, meiner Seel, wenns auch nur ein Hund wär!«

Die Mädel sitzen da fast auf der Erde und bearbeiten sich selbst. Sie denken nur ans Vögeln und sehen nichts was um sie herum vorgeht.

»Wau... Wau... Wau...«, macht es da plötzlich hinter ihnen.

Die Mädchen fahren herum. Vor ihnen steht frech grinsend ein riesiger Neger. Die muskelharten Arme sind mit beinernen Ringen geschmückt, ein kurzer Schurz um die Lenden ist seine ganze Kleidung. Sein Kopf ist voll kurzem Wollhaar, durch das goldglänzende

Pfeile gestoßen sind. In der linken Hand trägt der Mann einen Schild und in der rechten einen langen Speer.

»Mamandana«, schreien die Mädchen entsetzt auf und suchen nach einem Ausweg.

Der Neger, die langzehigen Füße breit gespreizt, lacht hell auf, und dann kommt es im schönsten Wienerisch von den wülstigen Lippen: »Was fürchts euch denn, ich beiß euch doch nichts ab.«

»Wer ... wer sind Sie denn?« fragt die Peperl und erholt sich langsam von ihrem Schreck.

»Ich bin der Pechanek Schurl aus der Steffelgasse, zu dienen.«

»Aber Sie sind doch ein Neger, oder sind Sie vielleicht gar nicht echt?«

Beruhigt von den heimatlichen Klängen tupft die Peperl mit einem naßgemachten Finger auf die schwarze Haut.

»Jö Mali, das ist ein richtiger Weaner Neger. Aber sagens, wie gibts denn das? In Wien gibt es doch keine Neger!«

»Ja, das ist so, wie meine Mutter ein junges Madel war, hat sie sich bei der Weltausstellung in einen Neger vom Aschantidorf verschaut. Die Aschanti sind bald wieder weg und meine Mutter ist mit einem Bauch dageblieben. Na, und der Bauch — das war dann ich. Und so bin ich einer von den wenigen echten Wiener Negern.«

»Na und was jetzt?« Peperl dreht sich kokett und schielt auf die kräftigen Muskeln unter der glänzend geölten Haut.

Der schwarze Schurl lacht auf, und dann tut er das, was er zu Beginn der Bekanntschaft gemacht hat, er bellt: »Wau ... Wau ... wau ...«.

»Du, ich glaub, der ist narrisch«, sagt die Mali, und die Mädchen weichen zurück.

»Aber nein«, beruhigt sie der Neger, »ich bin nicht narrisch. Ihre Freundin hat doch gesagt, sie möcht so gern pudern und wenns nur mit einem Hund wär. Alsdann, ich bin der Hund und steh den Damen zur Verfügung.«

Mali kichert, und Peperl meint ein wenig verlegen:

»Da haben Sie sich aber verhört, das hab ich nicht gesagt. Außerdem könnt da ja jeden Moment wer kommen.«

»Aber wer wird denn da vögeln, ich hab doch eine Garderobe, wo kein Hund hinkommt. Also, net viel fackeln, gehn wir!«

Die Mädchen strolchen hinter dem riesenhaften Schwarzen durch die Menagerie, doch jetzt sehen sie fast nirgends mehr hin. Nur bei dem Affen verhalten sie etwas, denn der ist fest beim Onanieren, und da kann doch die Peperl nicht so ohne weiteres vorbeigehen. Sie kriechen über allerhand Zeug hinweg und sind mit ein paar Schritten draußen und schleichen hinter Schurl in einen der grünen Wohnwagen. In dem Raum herrscht ein geheimnisvolles Dämmern. An den Wänden hängen fantasievolle Garderobestücke aus Afrika. Daneben hängt Schurls Zivilanzug.

Die kräftige Hand Schurls greift prüfend an Peperls spitzen Brüsten herum und dann sagt er: »Zieh dich aus Kleine.«

Peperl greift schon nach den Druckknöpfen, die ihr Kleid schließen, da aber besinnt sie sich.

»Dürfen wir dann aber auch in den Zirkus zur Vorstellung?«

»Freilich dürft ihr das. Aber tummel dich und schau zu, daß die Fetzen runterkriegst.«

»Zuerst will ich die Karten. Heut hat mich nämlich schon einmal einer drankriegt und ist dann davongerannt. Gib also zuerst die Karten her.«

»Ja, du bist ja eine ganz G'haute.«

In Schurls Ton ist ein wenig Anerkennung. Er greift in die Tasche seiner Hose an der Wand und reicht ihr zwei Anweisungen auf Eintrittskarten. Peperl läßt sie sofort in ihrer unergründlichen Kleidertasche verschwinden. Mit zwei Griffen löst sie Kleid und Hemd. Mali tut dasselbe. Die Mädchen stehen nun splitternackt vor Schurl, der ebenfalls den Lendenschurz und die kleine versteckte Hose, die er darunter trug, abgestreift hat. Wie eine dunkle Drohung steht der riesenhafte Neger mit den goldglänzenden Pfeilen im Haar vor den Mädchen. Peperl zittert nun doch ein wenig. Als sich aber die schwarze Hand auf ihre Schulter legt, rinnen wollüstige Schauer über ihren Rücken. Prüfend sieht sie der Schwarze an, dann packt er zu und wirft sie mit einem einzigen Schwung auf einen Haufen Decken in der Ecke. Schwer atmend beugt er sich über das Mädchen und preßt seine wulstigen Lippen schmatzend auf ihre kleinen Dutterln. Aber das ist bei der Peperl wie bei einer elektrischen Anlage. Küßt oder drückt man auf ihre rosigen Brustwarzen, öffnet sie sofort automatisch die Beine. Schurls Hand greift nun kennerisch nach der Fut. Er geilt geschickt Peperls Kitzler und stößt ihr seinen muskulösen Finger tief hinein. Peperls Hintern beginnt gleich wieder zu tanzen. Aus Schurls Küssen werden Bisse. Seine Lippen saugen das zarte weiße Fleisch, und seine Zähne graben sich tief hinein. Peperl schreit vor Lust und Schmerz zugleich. Sie windet sich unter den immer fester zupackenden Händen. Nun aber schwingt sich der Schwarze mit einem überraschenden Schwung auf den zarten weißen Thron und stößt geschickt seinen gewaltigen Schwanz in die geile nasse Fut. Seine Stöße sind nicht gerade, er fährt nicht einfach aus und ein. Mit einer abgerundeten Bewegung seines Bauches dreht er den Leib. Überall fühlt sie den herrlichen Schwanz des Negers, sie glaubt, daß jede Öffnung ihres Körpers damit ausgefüllt sei.

»Marander«, schreit sie, »Mali der fickt mich besser als wie ein Roß!«

Mali steht dicht daneben und bohrt sich ihren Finger in die Fut. Die so dicht vor ihr Vögelnden regen sie furchtbar auf. Der schwarze Riesenkerl, der sich in rasendem Tempo über den weißen Körper der Freundin senkt und hebt, macht sie geil und gierig auf seinen Schwanz. Um irgendwie auch beteiligt zu sein, streichelt sie mit ihrer kleinen Hand über den Hintern und die Lenden des Negers, und als sie seinen pendelnden Hodensack erwischt, fängt er zu röhren an wie ein Hirsch. Zwei Schreie, die die Wände zittern lassen, stößt er aus »Ich ... spritz!«

Der Neger erhebt sich, und als Mali ein wenig schüchtern nach seinem Schweif greift, stößt er sie ziemlich roh weg.

»Laßt mich aus mit der Fickerei. Ich bin eh schon ganz hin von dem Pudern. Vor euch Weibern hat man ja keine Ruh. Wenn ich nur eine anschau, werden ihr schon die Knie weich und sie möcht mir ihre Fut am liebsten auf einem Glasteller servieren. Manchmal graust mir schon!«

»Mir graust es nicht, ich puder gern«, sagt die Peperl schlicht. »Was schimpfst denn jetzt, Schurl, du hast ja pudern wollen.

Wenns dich gegraust hat, so hätt's ja nicht zu pudern brauchen.«
»Nur weilst mich gereizt hast mit deinen kleinen Dutterln.«
»Ich versteh dich nicht«, wendet sie sich wieder an ihn. »Du bist noch so jung und hast schon genug von den Weibern?«
»Ja, meine Liebe, wenn du einmal das mitmachst, was ich mitmachen muß, dann täts auch dir grausen. Wie ich noch ein kleiner Bub war, haben die Maderln immer nur mit meiner Nudel spielen wollen, weil sie schwarz war. Wie ich dann größer, älter und reif fürs Pudern war, da sind mir die Futen nur so nachgerannt. Die Hausfrau, die Nachbarin, die Hausmeisterin, die Greislerin und alle anderen, alle haben von mir das gleiche wollen. Ich bin mit dem Pudern gar nicht nachgekommen. Seit ich nun beim Zirkus bin, ist es überhaupt aus und geschehen. Alle habe ich schon gewetzt, von der Direktorin bis zum jüngsten Girl. Ich hab mir gedacht, tust ihnen den Gefallen, nachher hast deine Ruh. Ja, ein Scheißdreck hab ich. Ich kann mich gar nicht retten vor den Weibern. Ich kann nach der Vorstellung nicht einfach verschwinden. Da warten draußen vor dem Zirkus die Weiber, die in den Logen sitzen. I sag dir, diese feinen Damen, die sind erst die richtigen Schweine. Die ganz feinen von diesen Salonhuren verlangen meistens, daß ich sie in den Arsch ficke, weil sie sich fürchten, daß ich sie anbumms. Sie stehen vielleicht sonst am End mit einem kleinen Neger da und der Herr Gemahl wird böse! Mich reizt das alles nicht mehr. Das einzige, auf das ich noch einen Gusto hab, sind die kleinen Schulmaderln. Doch gerad die fürchten sich vor mir. Darum hab ich euch ja hergenommen, weil ihr wie Schulmaderln ausgesehen habt. Dabei ist die Peperl schon eine ganz ausgefickte Hur und du wirst auch nicht anders sein.«
Er zwickt die Mali ein wenig in die winzigen Dutterln, und die Mali hält sie ihm ganz stolz hin.
Eine Weile ist Stille in dem engen Raum. Nur Malis Atem geht ein wenig schwer. Plötzlich scheint der Schurl einen Entschluß gefaßt zu haben. Er hebt die Mali hoch und stellt sie auf seine Knie.
»Ich werd dich halt ein bisserl schlecken.«
Sein Kopf beugt sich vor, und seine breite Zunge schleckt wie die Zunge eines Hundes erst über Malis Knie, dann weiter die

Schenkel hinauf und hinein in die Fut. Mali spreizt die zitternden Beine, damit er noch besser dazu kann. Schurl packt mit beiden Händen ihren kleinen Arsch und zieht ihre Arschbacken auseinander. Da wird Peperl plötzlich von einer sonderbaren Lust durchströmt. Sie sieht hin, und wie magnetisch angezogen geht sie zur Mali und steckt ihre spitze rosige Zunge in deren Loch.

»Jesasmariadjosef«, stöhnt die Mali vor Geilheit geschüttelt. »Mutter, jö ist das gut!«

Bei allem, was sie schmerzt oder freut, ruft sie nach ihrer Mutter, die kaum eine besondere Freude hätte, sähe sie ihre Tochter in dieser Situation.

Die Zungen des großen Schwarzen und der kleinen Weißen sind ernsthaft mit viel Geduld und Genuß am Werk. Mali ist hin- und hergeschüttelt, sie schreit und stöhnt und ruft immer wieder ihre Mutter zum Zeugen, wie gut es ihr tut.

Mit sanften Schlägen beginnt nun Peperl Malis weiße Arschbacken zu behandeln. Wie sie nun sieht, daß ihre Hände Spuren hinterlassen, schlägt sie fester zu und immer fester. Bei diesen stärkeren Schlägen, die Malis Bauch immer heftiger gegen Schurls Gesicht werfen, beginnt sich dieser von neuem aufzuregen. Seine Hand tastet zwischen den Beinen Malis durch und erwischt Peperls Fut. Peperl gurrt wie eine Taube unter den zärtlichen Fingern. In der Hoffnung, daß der Neger sie noch einmal vögeln wird, hat sie ihre Zunge bei Mali weggenommen und stellt sich neben Schurl. Langsam beugt sie sich über seinen Schwanz und schiebt ihren Mund darüber. Schurl stöhnt auf und trommelt einen Marsch in Malis Fut. Mit beiden Händen muß Peperl nun seinen Schaft umklammern. Sanft streichelt sie ihn und packt doch fest zu.

»Mutter«, schreit die Mali, »Mutter ... ich kann nimmer ... ah ... jetzt!«

Da packt Schurl das auf seinen Knien stehende Mädchen, fegt die Peperl zur Seite und mit einem Ruck spießt er Mali auf die hochstarrende Nudel. Mit seinen großen Händen hebt er sie hoch und bohrt ihr immer wieder den festen Stachel in die nackte Fut. Mali läßt den Kopf hintenüber hängen. Es kommt ihr ununterbrochen. Die Riesennudel bereitet ihr Schmerzen. Was aber sind die Schmerzen gegen diese unerhörten Wonnen, die ihren Körper durchtoben? Weiß rollen die Augäpfel in Schurls dunklem Gesicht. Auf einmal beginnt Schurl zu heulen und zu schimpfen:

»Verfluchte Futen übereinander, nimmer sehen kann ichs. Diese Fickerei richtet mich noch zugrunde. Ausrotten müßt man diese Futen, nichts wie ausrotten. Ich werds euch geben, verfluchte Huren, hinwerden müssen die Fut und wenn ich auch dabei drauf gehe.«

Peperl schaut ängstlich zur Tür, ob denn niemand dieses Schreien hört. Das wäre eine Sache, wenn man sie hier erwischen würde. Zwei nackte Mädel, von denen eine den Riesentremmel eines Negers in ihrer Fut hat und von ihm wie eine alte Praterhure petschiert wird. Es weiß ja niemand, daß sie ganz freiwillig hierher gekommen sind, weil sie soviel Lust an einer Vögelei haben. Peperl denkt, daß was geschehen muß, denn diese Schreie vom Schurl locken doch bestimmt jemand in die Nähe — und dann wäre alles vorbei. Sie denkt doch nur daran, daß die beiden, wenn sie ausgeremmelt haben, so fertig sind, daß der Neger ihr wohl kaum noch einmal ihr Löchlein bestreichen wird. Doch gerade das will sie haben. Nur noch einmal solls ihr kommen.

Kurz entschlossen springt sie mit einem Satz auf Schurls Schenkel, stellt sich zwischen Mali und den wie rasend fickenden Neger, preßt ihm ihre Fut auf den Mund und erstickt damit seine Schreie. Sein Atem kitzelt wollüstig ihr erregtes Loch, seine hin und her gleitende Zunge leckt breit über ihren Kitzler und versinkt tief in ihrer Fut. Mit beiden Händen packt nun Peperl seinen krausen Haarschopf, preßt seinen Kopf fest gegen ihre Votze, und schon spürt sie wieder einmal, wie es so langsam in ihr zu sieden und zu brodeln anfängt.

»Schleck nur schön«, sagt sie beruhigend, »tu nicht so plärren, die Leute könntens ja hören, und dann wärs aus mit unserm schönen Spiel. Schleck schön, so ja und gib mir einen Kuß, ein Busserl auf meine Fut. Na geh, schöner und fester schlecken, hast es vielleicht gar verlernt?«

»Mutter, Mutter«, schreit die Mali wimmernd auf, dann geben ihre Knie nach, sie fällt einen Augenblick auf den keuchenden Neger und dann fällt sie bewußtlos zurück. Schurl springt auf, wirft die Mali auf die Decken in der Ecke und gießt einen Krug kalten Wassers über das Mädchen. Malis Augenlider beginnen zu flackern, und dann breitet sich ein Lächeln über das Gesicht mit der frechen Stupsnase. Sie schlägt die Augen auf und sagt langsam:

»Das war eine anständige Sauerei — aber schon erstklassig hat's mir geschmeckt. Ja, das war ein richtiger Fick!«

»Anziehen und raus mit euch«!

Das Gesicht des Mannes ist bleifarben. Nun erst denkt er daran, was er gewagt hat und was gewesen wäre, wenn man ihn mit den beiden Kindern erwischt hätte.

»Nix wie raus mit euch beiden, meine Lieben, aber dalli, dalli.«

Die Mädchen können gar nicht so schnell schauen, wie sie draußen sind.

»Müd bin ich schon«, sagt die Mali, »aber fein wars doch.«

»Einen Schweif hat der Kerl gehabt, wie ein Hengst«, meint die Peperl verträumt.

Von fern her tönt die Glocke zum Beginn der Vorstellung.

»Ein Glück, daß ich die Karten im vorhinein verlangt hab, jetzt hätt er mir was g'schissen. Gehn wir, damit wir nicht zu spät kommen.«

8

»Das eine sag ich dir, Franz, wenn ich dich nur ein einziges Mal noch mit der Schlampen, mit der Wewerka Fanny seh, dann sind wir geschiedene Leute.«

Frau Aloisia Mutzenbacher schließt ihre Gardinenpredit, da ihr der Atem ausgeht. Aber auf diesen Moment hat Herr Mutzenbacher ja nur gewartet. Nun gibt er seinen Senf drauf:

»Das Ganze kommt davon, daß du neidig bist. Du siehst in jeder feschen Person nur ein Weib, mit dem ich anbandeln will. Ein Wunder wärs ja nicht. Ein Mann wie ich könnte schon einen Gusto kriegen, wenn er die Frau Wewerka anschaut. Alles da, was da sein soll! Nicht wie bei dir, lauter Haut und Beiner. Da kriegt man ja lauter blaue Flecken, beim ... Der Arsch von der Wewerka allein ist schon ein Vermögen wert!«

»Schämst dich eigentlich nicht, du alter Krauterer?« Frau Mutzenbacher hat neuen Atem bekommen. »Aber man sieht es ja, der Apfel fällt nicht weit vom Baum. Dein Vater selig hat ja seine eigene Tochter gewetzt. Und die Tochter, das feine Fräulein Schwester, muß ja eine Fut wie ein Bierfassel gehabt haben. Du bist halt nur die Titschlerei mit den Huren gewöhnt und deshalb gefällt dir auch die Wewerka. Glaubst, ich weiß nicht, daß die am Strich geht? Von nix kommt nix. Wenn die einen anständigen Beruf hätt, könnte es ihr nicht so gut gehen, der Schlampen, der dreckigen. Wenn ich das hätt wollen machen, dann könnt ich heut anders dastehen.«

Schluchzend erstickt das Gekeife. Herr Mutzenbacher ist ungerührt davon, fragt aber interessiert: »Ist das sicher, daß die Wewerka am Strich geht?«

»Heilig wahr ist's. Die Frau Kerbl, meine Kusine, hat die Wewerka am hellichten Tag in ein Hotel am Gürtel gehen sehen. Na, geht die am Strich oder nicht? Was sucht denn ein anständiger Mensch, der in Wien eine Wohnung hat, am hellichten Tag in einem Hotel? Ja die feine Frau Wewerka mit ihrem Hintern als Vermögen. Er ist ja schon ganz breit gedrückt von den Männern die auf ihr gelegen und sie ausgevögelt haben.«

Herr Mutzenbacher hat der Beweisführung zerstreut zugehört. Er greift nach seinem Hut, dreht den blonden schütteren Schnurrbart unternehmend in die Höhe und geht an der verblüfften Gattin vorbei zur Tür hinaus. Ganz in Gedanken verloren murmelt er vor sich hin:

»Da muß ich doch gleich ... das interessiert mich wirklich ... na, die kann ... ja ich werd es sehen ...«

Heulend vergräbt die Frau den Kopf in der schmutzigen Schürze. Dann rennt sie in die Küche hinaus und haut dem ahnungslosen Mädchen Josephine eine schallende Ohrfeige herunter und wirft das Mädchen zur Tür hinaus.

»Du Hurenbankert, komm mir nimmer unter die Augen«, schreit sie die Peperl an und hebt schon wieder die Hand zum Schlag.

Peperl zuckt die Achseln.

»Na gut, wie du willst, aber merk dir, was gsagt hast: Ich soll dir nimmer unter die Augen treten!«

Für alles, was jetzt kommen sollte, hat sie eine gute Ausrede zur Hand. Jetzt ist die Tante an allem schuld, denn sie hat sie hinausgeworfen. Peperl zuckt die Achseln und entfernt sich trällernd: ›Wenn die Elisabeth, statt der Fut ne Nudel hätt ...'. Sie singt vergnügt vor sich hin und läutet dann dreimal kurz an der Wohnungstür der Wondrascheks. Es ist das vereinbarte Zeichen für Mali. Peperl freut sich, daß die Tante sie hinausgeschmissen hat, ehe sie noch mit dem Geschirrabwaschen fertig war. Eines weiß sie sicher: Vor acht Uhr abends geht sie auf keinen Fall nach Hause. Da kommt schon die Mali angestürzt.

»Servus Peperl, was ist los?«

Peperl erzählt der aufhorchenden Freundin das Gespräch zwischen Onkel und Tante und schließt:

»Wenn mein Onkel jetzt nicht zu der Wewerka pudern gegangen ist, dann freß ich einen Besen.«

»Du glaubst wirklich«, fragt die Mali zweifelnd.

»Schaun wir hin. Du wirst es sehen, daß ich recht hab!«

Leise und behutsam schleichen die Mädchen über den Gang zur Wohnung der Wewerka. Peperl beugt sich und legt ihr Ohr an die Wohnungstür, dann winkt sie triumphierend der Freundin.

»Ist das mein Onkel oder nicht, ha?«

Mit angehaltenem Atem horchen sie auf die Vorgänge hinter der geschlossenen Tür. Die Verhandlungen zwischen den beiden da drinnen müssen schon weit gediehen sein, denn der Mutzenbacher sagt eben mit bettelnder Stimme:

»Schauns, Frau Wewerka, gebens es her, ist doch nix dabei. So eine fesche Frau wie Sie und stehen ohne Mann da.«

»Wer sagt Ihnen denn, daß ich ohne Mann dasteh, Herr Mutzenbacher? Mein Gott, die Leute reden viel. Am meisten redet aber Ihre Alte.«

»Meine Alte, na schauns Frau Wewerka, die ist Ihnen ja nur neidig. Wenn die so ein schönes Arscherl hätte wie Sie und solche Dutterln, dann täts . . .«

Die Erklärung, was die Frau Mutzenbacher tät, wenn sie — das ist für die Mädchen nicht mehr zu hören. Ein paar abgerissene Wortfetzen sind noch zu vernehmen:

»Aber gehns, Herr Mutzenbacher, hörens doch auf. Nein, Sie sind mir doch einer . . .«

»Ah . . . hm . . . die Fut, die riecht wie ein Feigerl . . .«

»Aber gehns . . . es könnt doch wer kommen . . .«

»Na dann gehn wir halt ins Zimmer . . .«

Eine Tür fällt ins Schloß. Peperl und Mali sehen einander enttäuscht an.

»Sagst es deiner Tante?« forscht die Mali.

»Aber nein, von mir aus kann er pudern mit wem er will, der Onkel. Außerdem gibt mir die Tante ja doch nichts dafür, also, warum soll ichs ihr sagen?«

Das sieht die Mali auch ein und damit ist das Thema beendet.

»Was jetzt?«

»Jetzt setzen wir uns in eine Fensternische und warten, bis der Onkel herauskommt. Dann gehen wir zu der Wewerka hinein.«

Über Malis manchmal so freches Gesicht breitet sich ein erfreutes Grinsen. Sie hat in der letzten Zeit viel dazu gelernt.

»Glaubst, daß uns was gibt, damit wir die Goschen halten?«

»Möglich. Aber vor allem muß sie uns sagen, wie man eine Hur wird. Wie man Geld verdient. Verstehst, das ist wichtiger.«

»Aha«, nickt die Mali einverstanden, denn seit sie beschlossen haben, den schönen Herrn Kukilo auszuschalten, ist es ihnen nicht mehr gelungen, Geld in die Hand zu bekommen, und gerade das brauchen sie. Nun soll Frau Wewerka ihnen den Weg zeigen. Peperl ist ein gescheites Kind, das sofort den Wert der Sache erkannt hat, und Mali folgt ihr bedingungslos.

In diesem Moment wird drinnen in der Wohnung die Zimmertür geöffnet, und die Mädchen hören die ärgerliche Stimme der Wewerka:

»Daß Sie sich zu mir trauen, das ist allerhand, Herr Mutzenbacher. Wenn man so eine kleine Nudel hat, so ein Zwetschkerl, da kann man nichts dafür. Daß sie aber mit so einem Verreckerl eine Frau wie mich umsonst wetzen wollen, das ist eine Gaunerei!«

»Aber Fannerl!«

»Scht! Für Sie bin ich nicht das Fannerl, für Sie bin ich die Frau Wewerka, und jetzt schauns, daß Sie schleunigst rauskommen, sonst könnens was erleben.«

Die Tür öffnet sich weit, und die beiden Mädchen in der Mauernische sehen einen kleinen und gedemütigten Herrn Mutzenbacher aus der Wohnung schleichen. Sie warten, bis sein Schritt unten im Hausflur verklungen ist, dann klopft die Peperl mit festem Knöchel an die Tür. Frau Wewerka öffnet und fragt barsch: »Was wollt denn ihr da?«

»Bitt schön, wir wollen ... wie wollen ... ich bin nämlich die Peperl Mutzenbacher!«

»Schauts, daß ihr weiterkommt, ihr Fratzen.«

Frau Wewerka will die Tür zuschlagen, aber die Peperl hat das kommen sehen und stellt schnell den Fuß dazwischen. Leise sagt sie: »Sie haben gerade meinen Onkel über ihre Fut lassen und haben mit ihm gepudert.«

Die Frau weicht zurück, schaut entsetzt die Mädel an. Diese benützen die Gelegenheit und treten rasch in die Wohnung ein. Die Wewerka ist noch ganz zerzaust und hat unter dem übergeworfenen Schlafrock fast nichts an. Die Peperl regt so etwas natürlich gleich auf. Am liebsten würde sie die Wewerka am Busen fassen und daran spielen. Ja, am liebsten ging sie gleich auf ihre Fut los und würde ihr die Erlösung geben, die ihr der Onkel nicht gegeben hat.

»Wir wollen Sie nur was fragen«, erklärt die Peperl. Sie hat dabei so etwas Gewisses im Blick, was die Frau stutzig macht.

»Na, und das wär?« fragt die Wewerka und zieht sich bei Peperls Blick gleich den Morgenrock enger um den Leib, besonders über den weit wegstehenden Busen.

Peperl ist ein wenig verlegen. Sie weiß nicht recht, wie sie ihr Verlangen in Worte fassen soll. Da springt ihr unerwartet die Mali bei.

»Wir wollen wissen, wie man eine Hur wird. Bitte sagen Sie es uns.«

»Was?« fragt die Wewerka gedehnt und ist empört.

Doch da sagt die Peperl schnell und bittend: »Wir möchten halt auch was verdienen, und weil wir alle zwei gern pudern, und da haben wir uns gedacht, Sie werden uns sagen können, wie man das angeht.«

»Da kommts ausgerechnet zu mir? Wer hat euch denn zum Spionieren hergeschickt?«

Die Wewerka zischt vor Wut und stößt die Mali zur Tür.

»Jetzt schauts aber ganz schnell, daß ihr weiterkommt und laßt euch nimmer sehen, sonst hol ich die Polizei!«

Die Peperl begreift, daß die Frau eine echte Wut hat, sie fühlt sich verraten. Sie muß ihre und Malis ernste Absichten beweisen. Einen Moment überlegt sie noch, dann legt sie sich entschlossen auf den Küchentisch, hebt das kurze Röckchen bis weit über den Nabel und spreizt die Beine.

»Schaun's sich meine Fut an, Frau Wewerka, da werden Sie

gleich sehen, daß ich keine Jungfrau mehr bin. Die Mali ist auch keine mehr. Wir sind nicht gekommen um zu spionieren, sondern wir wollen nur wissen, wie man eine echte Hur wird!«

Peperl fühlt die Blicke der Frau auf ihrem Vötzchen und zieht mit beiden Händen ihre Schamlippen auseinander, um ihr eine bessere Übersicht zu ermöglichen. Frau Wewerkas Gesicht ist rot angelaufen. Zögernd kommt sie näher und streckt die Hand nach Peperls Fut aus.

»Das sind Zeiten«, sagt sie seufzend und faßt nach Peperls Kitzler, läßt ihn aber sofort wieder los.

»Die heutige Jugend. So etwas Verdorbenes hat es zu meiner Zeit nicht gegeben. Meiner Seel, du bist keine Jungfrau mehr, Peperl, du Saumensch!«

»Ich hab es Ihnen ja gleich gesagt«, meint Peperl stolz.

»Und ich auch nicht mehr«, mischt sich Mali ein.

Frau Wewerka sieht hin und versenkt dann den Finger mühelos in Malis Löchlein.

»Mein Gott, seids ihr ein paar Fratzen!«

Die saubere blonde Frau mit ihren krausen Haaren über der freien Stirn ist ein wenig verlegen. Die beiden Vötzchen erregen sie, und doch fühlt sie sich ein wenig abgestoßen. Einen Schritt weicht sie zurück. Peperl, die die Miene der jungen Frau genau beobachtet hat, ist vom Tisch gesprungen und schmiegt sich eng an die Zögernde an. Ihre Hände schmeicheln über den vollen Busen. Sie spürt, wie sich die Warzen geil aufrichten. Wie Peperl sieht, daß in das hübsche Gesicht die Röte steigt, öffnet sie schnell den Schlafrock und versenkt ihren Finger kosend in dem dunkelblonden Haarbusch und sucht den Kitzler.

»Ihr seids aber Fratzen!«

Frau Wewerka lehnt an der Küchenwand und atmet schwer, während sich Peperl tiefer beugt und die Fut sucht. Ihre Finger krabbeln das dichte Haar auseinander und legen den schwellenden Kitzler frei, der wie ein Wächter die riesige Spalte behütet. Ihr gefällt die Fut der Wewerka ganz ausgezeichnet. Dies ist die erste wirklich schöne Frauenvotze, die Peperl zu Gesicht bekommt. Ihre Tante hat eine magere, von borstigen Haaren umgeben, eine absolut uninteressante Fut. Dann kennt sie der Freundin nacktes Loch und die dicke, überdimensionale Fut der Bozena. Diese Fut aber, die der Frau Wewerka, ist etwas besonderes. Die Peperl möchte sie genau sehen, und so führt sie, den Kitzler immer sanft reibend, die junge Frau fordernd in das Zimmer. Fanny ergibt sich und sinkt sanft auf das Bett. Nackt liegt sie jetzt vor den Augen der beiden Mädchen. Ihre Augen hat sie geschlossen, als schäme sie sich. Peperl schiebt ihr die Beine auseinander, zieht die Schamlippen weg und sieht in voller Pracht die herrliche Fut.

»Schau Mali, das ist eine herrliche Fut«, sagt Peperl und streichelt die seidenweichen, gepflegten dunkelblonden Haare. Sanft und doch fest streichelt ihr Finger die Spalte entlang und läßt den Kitzler springen. Das Spiel regt sie auf. Ihr Mund senkt sich auf die duftende Fut, die sie mit geschickten Zungenschlägen jetzt bearbeitet. Sie macht ihre Zunge hart und spitz, bohrt sie tief in das Loch, und Frau Wewerka läßt ein paar tiefe Seufzer hören. Peperl sieht auf und erblickt die Mali, die auch am Werken ist. Sie hat die beiden festen Dutterln mit den zart bräunlichen Warzen mit den Händen zusammengepreßt und saugt und schleckt sie nun abwechselnd. Peperl ist mit der Freundin zufrieden und greift ihr anerkennend rasch unter den Rock, was Mali veranlaßt gleich näher zu rücken. Die beiden Mädchen hocken nun dicht nebeneinander, beide sind mit ihren Zungen an und in der Frau beschäftigt und jede macht eine Hand frei, die Freundin damit ein wenig aufzugeilen. Über Frau Wewerkas Körper läuft ein Zucken, weit schiebt sie die vollen Schenkel auseinander, um Peperl mehr Angriffsfläche zu bieten. Die Peperl enttäuscht das in sie gesetzte Vertrauen nicht. Sie schleckt mit Hochdruck, entzieht der Mali den Finger und bohrt ihn der Wewerka abwechselnd in die Fut oder das Arschloch.

»Des san Kinder«, stöhnt die blonde Frau und öffnet die Beine noch weiter. »Ach ... ah ... noch fester ... einsperren müßt man diese Fratzen ... schleck doch Peperl ... bitte nur jetzt net aufhören ... so was darf man doch nicht zulassen ... so mach doch weiter Peperl, laß den Kitzler net aus ... a Nudel bräuchte ich jetzt ... wenn ich nur a Nudel hääääät ...!«

Eine Nudel hat die Peperl zwar nicht zur Verfügung, aber ihre sanft gerundete Kinderhand ist auch nicht viel stärker als eine feste Nudel, und so wölbt sie geschickt die Hand und stößt sie der nach einem Schweif jammernden Frau mit einem festen Ruck in die begehrlich geöffnete Fut.

»Ah ... mir kommts ... mir kommts ...«, schreit sie wild auf, und Peperl stößt fester zu und remmelt mit ihrer Hand wie mit einem richtigen Schweif, bis die junge Frau erschöpfte Worte vor sich hinmurmelt und selig seufzt: »Ach, das war schön.«

»Jetzt werden Sie uns doch glauben, daß wir nicht zum Spionieren herkommen sind«, sagt die Peperl schelmisch.

»Nein, jetzt nimmer. Also, was wollts wirklich, Maderln?«

»Huren wollen wir halt werden!«

»Und was kann ich dabei tun?«

»Sie sollen uns sagen, wie man eine richtige Hur wird, die Geld verdient.«

»Und warum gerade ich?«

»Weil Sie selber eine Hure sind!«

»Wer hat euch denn das gesagt? Das weiß doch niemand im Bezirk!«

»Meine Tante hat es heut zum Onkel gesagt, und der ist auch gleich zu Ihnen gegangen!«

»Ach ja richtig, das war ja dein Onkel, der Herr ...!«

»Ja, der mit dem Zwetschkerl von einer Nudel, der Sie umsonst hat pudern wollen.«

Frau Wewerka lacht, und die Mädel stimmen mit ein. In dieser heiteren Stimmung kredenzt die hübsche Frau den Kindern eine Schale Kaffee und ein großes Stück Kuchen und gewinnt sich damit vollkommen ihre Herzen. Den Schlafrock nachlässig geöffnet und so all ihre Reize zeigend, liegt die Frau Wewerka auf dem Diwan. Die beiden Mädchen sitzen mit baumelnden Beinen auf dem Tisch und beißen jede herzhaft in ein zweites Stück Kuchen.

»Also, was soll ich euch erzählen, Mädln?«

»Uns interessiert alles, wir verstehen nichts, als die Fut hinzuhalten und gerade das tun wir gern.«

»Na, na, Ihr versteht schon ein bisserl mehr!« Frau Wewerka

lächelt anerkennend. »Schlecken jedenfalls könnt ihr wunderbar, das muß ich zugeben.«

»Wissens, Frau Wewerka«, erklärt die Peperl, »bei uns ist das so. Wir haben die Ware, aber wir könnens nicht anbringen.«

»Papperlapapp, so eine Madlfut bringt man immer an den Mann.«

»Ums Anbringen wärs ja nicht«, mischt sich die Mali ein, »das hat die Peperl nicht so richtig gesagt. Die Burschen in unserer Gasse täten sich alle Haxen nach unserer Fut ausreißen, aber die haben ja kein Geld. Die Peppi und ich pudern gern und lassen selten eine Nudel aus, aber wir sehen nicht ein, warum wir uns verschenken sollen, wenn man es doch auch gut verkaufen kann. Wenn einer eine anständige Nudel hat, dann lassen wir ihn drüber, denn schmecken tut es uns immer. Wenn wir dann aber noch ein Geld dazu bekommen, dann ist das schon ein besserer Kaffee.«

»Hörst Mali, du redest wie ein Heiligenkalender, so gescheit«, sagt Peperl bewundert, »das hab ich ja gar nicht gewußt, aber ich muß sagen, du hast recht. Na alsdann, jetzt wissens alles Frau Wewerka, und daß wir keine faden Nocken sind, das haben wir Ihnen glaub ich, bewiesen.«

»Ja, das habt ihr wirklich. Wenn ich nur wüßt, wie ich euch raten soll. Am Strich direkt könnt ihr nicht gehen, denn wenn euch die Polizei erwischt, dann sitzt ihr in der Tinte.«

»Ja, wieso denn?« wundert sich die Peperl. »Wir tun doch nichts Schlechtes, wir wollen ja doch nur ficken.«

»Schauts, zum freien Vögeln gehört eine behördliche Genehmigung. Die bekommt ihr aber nicht. Aber wartet, ich glaub ich weiß etwas. Macht es euch was aus, wenn gleich ein ganzer Haufen Mannsbilder da ist und einer ist eine größere Sau als der andere?«

»Das ist uns ganz wurscht, je mehr Männer um so besser«, meint die Pepi, »nur her mit den Männern. Aber zahlen müssen sie uns schon. Und zwar anständig!«

»Gut, dann mach ich aus euch eine Sensation! Ich laß euch bei einem Herrenabend auftreten. Gleich heut werde ich noch mit dem Grafen Barsch reden. Er ist nämlich der Veranstalter dieser Monsterschweinerei.«

»Ja, und was bekommen wir dann dafür?« erkundigen sich die Mädels gleich geschäftstüchtig.

»No, ich denk ein Hunderter wird schon herausspringen. Aber für die Vermittlung müßt ihr mir 10 Prozent zahlen. Ist euch das recht?«

»Das wär also für jede von uns 10 Schilling für Sie und uns bleiben dann achtzig Schilling.«

»Nein, ihr kleinen dummen Lustlochbesitzerinnen. Eine jede von euch muß einen Hunderter bekommen. Das wär ja noch schöner, wenn man nur einen Fünfziger für die engen Futen verlangen würde.«

Die Augen der Kinder leuchten auf, und die Pepi streckt gleich der Wewerka die Hand hin. Die Kupplerin schlägt ein.

»Aber das eine will ich euch gleich sagen. Es handelt sich da um keine einfache Fickerei oder Schleckerei. Diese geilen Hurenböcke verlangen noch ganz andere Schweinereien.«

»Aber gevögelt werden wir doch werden?« erkundigt sich schon ganz aufgeregt und nur noch an diese Schweinerei denkend, die Mali besorgt.

»Sicher werdet ihr gleich von mehreren hergenommen werden. Hoffentlich haltet ihr es auch aus. Wenn die nämlich erst einmal in Schwung sind, dann nehmen sie keine Rücksicht mehr. Ich hab es schon erlebt, wie so eine Fut von einem zum anderen Mann gegangen ist und dann beim achten zusammenbrach.«

»Wenn nur richtig und oft ein Schwanz unsere Futen beglückt, dann ist ja alles in Butter. Wir werden es schon ertragen. Aber jetzt erzählen Sie uns doch noch etwas von sich, Frau Wewerka.«

»Na, wie soll ich anfangen?« Sie lächelt. »Das ist eigentlich von selbst gekommen. Mein Mann, Gott hab ihn selig, der hat ein Schweiferl gehabt wie ein Zwergrattler, und ich hab mir schon immer gedacht, ich muß einmal feststellen, wie so ein Schwanz von einem anderen ist. Immer hab ich es aber wieder verschoben. Na und einmal, es sind jetzt schon fast fünf Jahre her, mein Mann war grad arbeitslos, da hat mich der Fleischhacker so sekkiert, ich soll ihn doch einmal drüber lassen, er möcht mich schon so lange pudern, weil er so auf mich steht. Zuerst hab ich nicht wollen. Da schaut er mich so an und sagt, daß ihm sein Schwanz schon steht, wenn er mich nur so ansieht. Wenn ich ihn nicht pudern lasse, könnt er ihm zerplatzen. Da hab ich auch auf einmal Lust bekommen. Außerdem hat er mir gleich zwei Kilo Schnitzelfleisch versprochen, wenn ich ihn nur drüber ließe. Da hab ich ihn natürlich gleich ficken lassen, denn zwei Kilo Schnitzelfleisch sind ja allerhand für eine arbeitslose Familie. Na, und so bin ich drauf gekommen, wie man eine Fut ganz schön verwerten kann. Seither verdient meine Fut, und damit auch ich. Nur wenn einer eine ganz besonders schöne Nudel hat und er mir auch gefällt, dann laß ich ihn umsonst ficken. Es ist aber noch nicht oft vorgekommen, das sag ich euch gleich ehrlich.«

»Natürlich«, sagen die beiden Mädchen wie aus einem Mund.

»Übrigens, der Fleischhacker hat einen Schwanz gehabt wie ein spanischer Stier. Ich hab geglaubt, er kommt mir beim Hals wieder heraus. Gezittert hab ich wie Espenlaub, denn er hat mich im Vorraum vom Eiskeller gevögelt. Er hatte Angst, daß seine Alte kommen könnte. Er hat mich über einen Hackstock gelegt, hat mir seinen Steifen von hinten reingetrieben und hat dabei immer bei der Kellertür rausgeschaut, ob nicht jemand kommt. Trotz des Eiskellers ist mir dann aber bei der Remmlerei doch ganz schön heiß geworden. Ich sag euch, das war ein guter Fick. Seine Eier haben immer an meinen Kitzler geklopft.«

»Von hinten?« fragt die Mali.

»Ja, von hinten. Da tupft dir der Schwanz so sanft an die Gebärmutter und geht so tief hinein, daß gleich alle Engel singen hörst. Natürlich muß es sich um einen anständigen Schwanz handeln. Wenn einer so ein armseliges Zumpferl hat, dann bleibt es sich ja gleich, ob von vorn oder von hinten, dann ist sowieso alles ein Schmarrn. So, jetzt müßt ihr aber wieder gehen. Ich kann mich mit euch zwei kleinen Huren jetzt nicht mehr länger spielen, weil ich heute abend noch einen Gast hab, bei dem ich ganz schön herhalten muß. Er könnte am Ende merken, daß ich mich heute schon ganz gut unterhalten hab.«

»Wieso merkt er das?« fragt die Peperl.

»Weil es dann länger dauert, bis es mir kommt, und er schaut immer auf die Uhr. Das erste Mal verlangt er immer, daß es mir nach einer Minute kommt. Er legt nämlich großen Wert darauf, daß er an dem Tag, wo er mich besucht, der erste ist.«

»Das kann ihm doch egal sein. Die Hauptsache ist doch, daß er die Fut bekommt«, meint die Mali.

»Ja, manche Männer sind eben so. Da kann man nichts machen. Ihr müßt bei der Hurerei immer daran denken, daß es um das Vergnügen der Männer geht und nicht um eures. Wenn es euch dabei schmeckt, dann ist es ja gut. Wenn es aber einmal nicht schmeckt, dann müßt ihr trotzdem so tun, als ob es euch schmeckt.«

»Eins kann ich sagen«, meint die Peperl, »mir schmeckts immer und wird mir auch immer schmecken.«

»Sag das nicht. Wenn einer dir seinen Willen aufzwingt, dich richtig in die Hand nimmt und dir den Arsch zerdrischt, dann hörts mit dem Schmecken auf!«

»Ich hab es gern, wenn man mir den Arsch aushaut«, versichert die Peperl und bohrt sich vor Aufregung in der Fut herum. »Das regt mich sehr auf, und ich hau auch gern auf einen nackten Arsch. Es muß aber nicht ein Männerarsch sein. Zum Beispiel den Hintern von der Mali, den hab ich zum Fressen gern. Wenn sie ihn mir zeigt, muß ich sofort hinhauen. Gelt Mali?«

»Ja leider, ich bin net fürs Hauen. Aber die Peperl ist ganz narrisch drauf, und manchmal laß ich ihr halt das Vergnügen, weil sie mich nachher dann so schön schleckt. Ich hab es viel lieber erst schön schlecken und dann eine Nudel.«

»Ich sag euch, es gibt nichts Besseres, als eine tüchtige Nudel in der Fut zu haben.«

Mali ist begeistert, denkt aber besorgt daran, ob sie denn heute noch zum Wetzen kommen wird.

»Sie haben vorhin gesagt, daß bei dem Herrenabend andere Sauereien verlangt werden. Was sind denn das für welche? Außer Wetzen und Schlecken kenn ich nichts.«

»Du bist eben noch ein junges, unschuldiges Mädel. Es stimmt schon, außer pudern und schlecken gibt es eigentlich nichts anderes, aber es kommt auf die Form an, in der es gemacht wird. Es gibt schon noch andere Sachen. Eine Kundschaft habe ich«, erzählt die

Wewerka weiter, »bei der unterhalte ich mich großartig. Wenn ich weggehe, bin ich aber mehr aufgeregt, als wenn ich komme. Es sind zwei Brüder. Die haben sich in den Kopf gesetzt, daß sie beide ihre Nudeln zur gleichen Zeit in einer Frau haben wollen. Wir probieren nun schon ein Jahr lang, aber es geht noch immer nicht. Es regt mich jedesmal schrecklich auf. Wenn der eine seinen Schwanz in meiner Fut hat, dann will der andere seinen in mein Arschloch stecken, und das geht nicht. Wenn ich nämlich einen Schweif in der Fut habe, dann ist mein Arschloch zu eng. Habe ich die Nudel im Arsch stecken, dann ist wieder die Fut zu eng. Die Brüder haben mir erzählt, daß es ihnen ein einziges Mal gelungen ist, aber das war bei einem Riesenweib. Bei mir gehts halt nicht, und gerade bei mir wollen die beiden es noch einmal erreichen. Sie haben eine riesige Geduld. Könnt es euch ja vorstellen, wie mich diese ewige Probiererei aufregt. Wenn ich von denen weggehe, dann bin ich wie eine läufige Hündin. Ich renn dann meistens wie eine Wilde nach Haus und hol mir den Hausmeister herauf. Der hat eine Nudel, so was habt ihr noch nicht gesehen! Wenn ihm der Schweif steht, reicht er ihm bis zum Magen herauf. Er ist so dick, daß ich ihn mit einer Hand nicht umfassen kann. So ein Schwanz, so ein guter! Wenn ich nur an ihn denk, dann reg ich mich schon wieder auf. Jetzt müßt ihr mich aber allein lassen, ich muß bald fort. Kommt morgen Nachmittag her, dann besprechen wir alles wegen dem Herrenabend.«

»Hättens uns doch noch was erzählt«, bettelt die Peperl.

»Ihr werdet das alles noch selber erleben. Könnt ihr euch denn gar kein bisserl gedulden? Was nützt es euch, wenn ich euch vom schönen Schwanz erzähle – und ihr habt doch nichts in der Fut?«

Mali verabschiedet sich mit ihrem Knickserl. Peperl aber greift keck nach der Fut der Frau Wewerka, drückt einen festen Kuß auf den hochstehenden steifen Kitzler und bohrt ihre Zungenspitze in das Loch.

»Behüt di Gott, mein schönes Futerl«, sagt sie und läßt Frau Wewerka in einem Zustand zurück, daß sie sich selbst mit dem Finger fertig machen muß.

9

Nun ist es so weit! Nun beginnt, wie Peperl und Mali inbrünstig hoffen, die große Karriere. Das Leben liegt vor ihnen mit all seinen Herrlichkeiten, mit der Aussicht auf Schwänze aller Art, die ihnen obendrein noch einen angenehmen Lebensunterhalt sichern werden.

Vom heutigen Abend an werden sie genau wissen, wohin sie zu gehen haben und mit wem sie sich ins Bett legen sollen. Ihre Zukunft liegt vorbereitet vor ihnen. Nach ihrer Ansicht hätte keine Mutter für sie einen schöneren Beruf aussuchen können, denn sie vergessen nur allzuleicht, daß auch in ihrer Jugend das Allerbeste ein fest stehender und ausdauernd arbeitender Schwanz war. Daß es eben einfach das Beste war, so richtig gepudert zu werden.

Mali und Peperl stehen splitternackt in einem kleinen Seitenkabinett neben dem Festsaal des vornehmen Stadthotels. Sie sehen Frau Wewerka, die sie längst Mizzi nennen, zu, wie sie sich die Fut parfümiert. Heute ist der wöchentliche Galaabend des Klubs, der sich offiziell die ›Wiener Herzbuben‹, inoffiziell aber ›Die Getreuen der Wirtin an der Lahn‹ nennt. Peperl und Mali sollen bei dem Varieté und anderen Darbietungen als Neulinge eingeführt werden.

Mizzi Wewerka pudert nun sorgfältig ihren schönen üppigen Körper und schlüpft in ein hauchdünnes Georgettekleid, das in losen Falten glatt bis zu den Knöcheln fällt und nur durch einen schmalen Goldgürtel gehalten wird. Durch den spinnwebdünnen Stoff schimmert ihre schneeweiße Haut. Das Kleid zeigt mehr, als es verhüllt.

»Schön«, sagt die Peperl, »so viel schön!«

Mali streicht prüfend über den dünnen Stoff und kann es nicht lassen, dabei auch gleich die vollen Rundungen der Mizzi zu umspielen.

Mizzi lacht sich im Spiegel befriedigt an. »Gefall ich euch«? Das blonde Haar kraust sich schimmernd um die weiße Stirn, die dunklen Augen haben einen feuchten Glanz.

»Jetzt kommts ihr dan. Jetzt mach ich euch schön.«

Aus dem Kasten an der Wand nimmt sie zwei Paar Lackschuhe mit hohen Stöckeln, rote, kaum zwanzig Zentimeter lange Seidenröcke und zwei winzige Käppis in rot und gold, wie die Liftboys sie tragen.

»Anziehen«, kommandiert sie, und die Mädchen schlüpfen in die Sockerln. Doch da kommen sie schlecht an.

»Nichts da, nur die Stöckelschuhe.«

Dann legt sie ihnen die Röckchen um die Hüften und drückt ihnen die putzigen Käppis auf den Kopf. Staunend sehen sich die Kinder in dem Spiegel an. In den hohen Stöckelschuhen wirken ihre nackten, schlanken Beine noch länger, und das kurze seidene Röckchen verdeckt knapp ihre Fut. Die Käppis sind schief aufs Ohr gesetzt und machen dadurch ihre Gassenmädelgesichter noch kecker.

Mit einem kußechten Lippenstift färbt ihnen die Mizzi die Brustwärzchen schön dunkelrot und träufelt dann jeder einen Tropfen duftende Essenz auf den Nabel.

»Fertig, gehn mirs an und machts ma kan Schand!«

Ein schmaler dunkler Gang führt zu dem Festsaal. Der Eingang ist durch einen roten Samtvorhang verdeckt. Lautes Lachen, Singen, Gläserklirren und Gekreische dringt hindurch.

Resolut schlüpft die Peperl durch den Vorhang, schiebt ihn ein wenig auseinander und läßt auch die zwei anderen vögelgierigen Votzenträgerinnen eintreten. Vorerst kümmert sich kein Mensch um sie, und sie können sich in Ruhe alles ansehen und sich gründlich umschauen.

An niederen Tischen sitzen in tiefen Ledersesseln Herren im Frack mit weißen Hemdbrüsten. Im Klub der Lahnwirtin geht es — wenigstens am Anfang — höchst vornehm zu. An der Schmalseite des großen Saales ist die Bühne, deren Vorhang noch herabgelassen ist. Davor sitzt die Kapelle.

Da bemerken sie, daß sie nicht die einzigen Mädchen sind. Noch drei Paare, gekleidet wie sie selbst, aber in blau, grün und gelb, schwirren durch den Saal. Ab und zu greift einer der Herren, an dem sie vorbeihuschen, ihnen zwischen die Beine.

Es wird jetzt im Saal lebhafter. Aus einigen anderen Seitentüren kommen junge hübsche Frauen, alle wie die Mizzi in durchsichtigen Schleierkleidern. Sie sind unheimlich aufregend anzusehen. Die Mizzi ist schon von der Seite der Mädchen verschwunden und wiegt nun ihre molligen Hüften durch den Saal.

Zwei Kellner mit Sektkübeln eilen an den noch ein wenig verschreckten Mädchen vorbei, aber ohne einen Blick auf ihre so frech in die Gegend starrenden geschminkten Brüste zu werfen. Der eine, der Mali streift, sagt: »O pardon, meine Gnädigste!«

Die Mali bekommt vor Erstaunen fast die Maulsperre. Zögernd machen die Mädchen ein paar Schritte in den Saal. Noch ist die Stimmung etwas flau, wie zu Beginn eines jeden Festes. Als sich nun die Musikanten an ihre Instrumente setzen, werden die Gesichter ringsum schon animierter und als die Klubmelodie, das Lied von der Wirtin an der Lahn ertönt, da singen alle Herren mit:

*War einst ein Wirtshaus an der Lahn,
da hielten alle Fuhrleut an.
Frau Wirtin spielt die Leier,
Die Gäste hutschten sich die Eier!*

Peperl, die sehr viele Strophen dieses Liedes von der Schmelz her kennt, hat vergnügt mitgesungen. Sie hat unterdessen die Mali an der Hand genommen und ist tiefer in den Saal gegangen.

Von einem Tisch, an dem vier Herren sitzen, winkt eine Hand, und Peperl folgt gehorsam. Sie stellt sich vor die Herren und macht einen Knicks, wie Mizzi es ihnen eingeschärft hat.

Einer der Herren beugt sich interessiert vor und hebt das winzige Röckchen der Peperl hoch, läßt es aber gleich wieder fallen.

»Ich weiß nicht«, sagt er aufgebracht, »was sich der Graf eigentlich vorstellt. Ich hab ihm doch ausdrücklich gesagt, daß ich keine

Haar auf der Fut haben will. Ich bitt euch, schauts euch das an, sind das nun Haare oder nicht?«

Wieder hebt er Peperls Röckchen hoch. Die Herren beugen sich vor und stellen ernsthaft fest: »Das sind Haare, du hast recht.«

»Meine Mutter war aber die Josephine Mutzenbacher!« sagt jetzt die Peperl.

»Nein, so was?« Vier Herren sagen es wie aus einem Munde.

»Wahrhaftig, ich lüge nicht«, beteuert die Peperl, »und ich heiße ebenso.«

»Die Josephine hat doch kein Kind gehabt«, erklärt einer der Herren. »Ich müßt es doch wissen, denn ich hab doch drei Monate mit ihr ein Verhältnis gehabt.«

»Am End bist gar du der Vater, Ernstl!«

Die drei Herren brüllen vor Vergnügen. Sie amüsieren sich ganz ausgezeichnet. Der mit Ernstl angeredete Herr macht ein verlegenes Gesicht. Dann aber stimmt er in das Lachen mit ein, hebt die Peperl auf den Schoß und betrachtet ihre schönen Beine.

»Wenn ich dein Vater wär, wär auch nichts dabei.«

Er reicht ihr ein Glas Sekt. »Prost Peperl, du sollst leben!« sagt Graf Aristides, einer von den vier.

Peperl trinkt mit einem Zug das Glas leer und greift sich hustend zwischen die Beine.

»Was ist denn«, fragt der Ernstl, »hast dich verschluckt?«

»Nein, nur es brennt so!«

»Na wo denn?«

»Bitte, vom Hals hinunter bis zur Fut.«

»Bis in die Fut ... wie hat sie gesagt?« Graf Aristides wird sichtlich lebhafter.

»Bis in die Fut brennt es ihr, das ist großartig gesagt, Kinder. Sie ist wahrlich die Tochter der berühmten Josephine Mutzenbacher. Mit der selben schlichten Einfachheit hätt auch sie geantwortet. Das muß gefeiert werden. Nun meine Herren, alles aufstehen! Auf die Schultern mit dem Mädel, dem die Fut brennt.«

Unter großem Hallo und Gelächter der Umsitzenden nehmen zwei Herren die Peperl auf die Schultern und tragen sie nach vorn zum Podium. Die Musiker intonieren eben die Strophe vom ›Lakai‹.

> *Frau Wirtin hat auch einen Lakai,*
> *der hat nur ein einzig Ei,*
> *das andre ging ihm flöten*
> *bei einer Massenvögelei*
> *wurd es ihm abgetreten.*

»Tusch, Tusch!«

Graf Aristides schreit, aber die Musiker singen und spielen die Strophe erst fertig, ehe sie den verlangten Tusch spielen. Der ganze Saal ist aufmerksam geworden. Alles drängt nach vorne, um die Ansprache, die nun Aristides hält, genau zu hören.

»Meine sehr verehrten Freunde der Lahnwirtin! Unser lieber Präsident ha uns heute eine ganz besondere Sensation vermittelt. Seht euch alle das süße Mäderl an, das wir da auf den Schultern tragen. Wißt ihr wer das ist? Nein, ihr könnt es nicht wissen! Aber ich will eure Neugier nicht länger auf die Folter spannen. Ich will euch sagen, dieses talentierte Mäderl ist die Tochter der ... ja — der Josephine Mutzenbacher! Der Mutzenbacher, die einst von ganz Wien geliebt und geschätzt wurde und die so mancher von uns gekannt hat. Einen Tusch für Josephine Mutzenbacher die Zweite!«

Einen Moment starren die Herren das stolz errötende Peperl an, dann bricht eine Flut von begeisterten Ausrufen los.

»Hoch soll sie leben! Die Mutzenbacher soll leben!«

Zwanzig, dreißig Hände strecken sich der Peperl entgegen. Ernstl hat Mühe, daß ihm das Mädel nicht entrissen wird.

»Gebt das Mäderl her, ihr Neidhammel«, ruft ein eleganter Glatzkopf. »Der Aristides muß immer die besten Bissen haben, das ist Schiebung! Die Mutzenbacher ist für alle da!«

Peperl lächelt glücklich. Nun ist der Moment da. Nun steht sie im Mittelpunkt des Interesses! Mit einem Seitenblick auf die Mali stellt sie fest, daß die sich maßlos giftet. Da sie ihre beste Freundin ist, hat sie auch einen reinen Genuß dabei. Gewandt gleitet sie den Herren von der Schulter und mischt sich kokett lächelnd in die Menge der Frackträger, die sich nur so um sie reißen. Von allen

Seiten wird sie angestarrt. Kosende Männerfinger streicheln ihre Brüstchen. Sektgläser hält man ihr an die Lippen und sie nippt ein wenig hier, ein wenig dort. Fein, denkt sie, und spürt schon wieder, wie sich ihre Fut rührt.

Ein schrilles Klingelzeichen gellt durch den Saal. Der Vorhang der Bühne rauscht auseinander.

Ernstl erwischt mit geschicktem Griff die Peperl und zieht sie auf seinen Schoß.

Peperl schiebt die Schenkel ein wenig auseinander und spürt seinen steifen Schwanz an ihrem Arsch pochen. Ernstl aber knöpft schnell die Hose auf und schiebt ihr den brennendheißen Schwanz geschickt in die Fut. Niemand hat was bemerkt, denn alle Augen sind auf die Bühne gerichtet. Dort steht im Licht der Scheinwerfer ein splitternackter, wunderbar gebauter junger Mann, dessen Hände auf dem Rücken an eine Säule gefesselt sind. Traurig und ergeben hängt ihm die Nudel herunter. Nun tanzen sechs splitternackte, ebenfalls prachtvoll gebaute junge Mädchen aus der Kulisse. Sie fassen sich an den Händen und ziehen um den Jüngling einen Kreis. »Ei, ei, was blüht so heimlich unter den Haaren versteckt? Das ist die liebe Nudel, die ich so gern schlecke«, singen sie. Jede bückt sich im Vorbeitanzen und küßt den Schwanz, der dabei nun doch schon ein wenig fester wird.

Funkelnden Auges verfolgt der Gefesselte die schönen nackten Mädchen. Er ist bemüht die Stricke, die seine Arme binden, loszuwerden, um sich auf eine der Schönen zu stürzen. Doch vergebens, es gelingt ihm nicht.

Die Musik wird nun rascher. Mit hervorgestrecktem Bauch tanzt nun die Solistin unter den Tänzerinnen an den Mann heran. Sie reibt seinen Schwanz an ihrer blonden behaarten Fut, worauf er sich gleich freudig aufrichtet. Der Mann folgt ihr wie gebannt. Wieder reibt sie sich und wieder weicht sie zurück. Der Mann wird immer erregter. Steil vor Geilheit, steht ihm seine Nudel nun weg.

Peperl sieht mit entzückten Augen zu macht einen Hüpfer auf Ernstls Schoß, so daß sie sich seinen beinharten Schwanz ein paarmal fest in die Fut treibt.

Der Tanz auf der Bühne wird wilder, begehrlicher. Immer auf-

reizender zeigt die Solistin ihre spitzen Brüste, ihre lockende Fut —
und immer gieriger wird der gefesselte Mann.

Die übrigen Mädchen ziehen nun einen Kreis um die beiden
Hauptdarsteller. Immer enger treiben sie die beiden zusammen.
Ganz dicht vor dem rasenden Jüngling steht nun die ebenso geile
Frau. Ein wenig kann er sich ja von seinem Marterpfahl entfernen.
Näher schiebt sich sein Schwanz an die dicht vor ihm stehende
Frau, die plötzlich keinen Ausweg mehr sieht und auch nicht mehr
zurückweichen kann, denn immer enger drängen sich nun die anderen heran. Spähend sucht sie nach einer Fluchtmöglichkeit. Die einzige Möglichkeit wäre, über den sich wie wild gebärdenden Mann
hinwegzuspringen. Dies versucht sie auch. Sie läßt die Knie federn,
springt hoch und — mit einer geschickten Bewegung fängt der Gefesselte sie mit seiner starken Nudel auf, daß er ihr gleich tief in die
Fut dringt.

Diese Fickerei zu sehen, ist eine Sensation. Die Gäste im Saal
stehen auf, damit ihnen nur ja keine der Phasen entgeht. Das wie
ein Schmetterling aufgespießte Mädchen wehrt sich verzweifelt.
Der gefesselte Mann geht immer ein wenig in die Hocke, während
er seine Partnerin fest an die Wand der Mädchen drückt. Dabei
zieht er seinen Schwanz ein wenig heraus, um ihn immer wieder
tief in ihre Fut zu bohren. Der Mann ist ein wahrer Künstler.

Das um sich schlagende und kratzende Mädchen kann seiner
nicht Herr werden. Nun plötzlich gibt sie nach. Beim vierten entnervenden Stoß kann sie sich nicht mehr widersetzen. Sie schlingt
ihre Arme um seinen Hals und läßt sich von dem nun losgemachten
Mann, auf seinen Schwanz aufgespießt, ruhig in die Mitte der
Bühne tragen.

Die fünf anderen Tänzerinnen schwingen unterdessen das eine
Bein bis zur Stirn hoch und zeigen so ihre hungrigen Vötzchen,
aber niemand aus dem Publikum kümmert sich um sie. Ein einziger
alter Herr, der ganz vorne sitzt, schaut mit seinem Opernglas auf
ihre so weit klaffenden Futen und murmelt dabei: »Zu meiner Zeit
waren diese Lustfurchen auch noch herziger!«

Die Musik bricht ab, setzt aber gleich wieder mit einem feurigen
Csardas ein. Die fünf Mädchen haben sich nun ebenfalls in die

Mitte der Bühne begeben und umringen knieend das so merkwürdig artistisch vögelnde Paar.

Das Mädchen hat seinen Hals fest umschlungen. Sie selbst schiebt sich auf seiner Nudel auf und ab, immer im Takt der Musik. Es ist ein herrlicher Anblick, diese zwei schönen jungen Menschen so ficken zu sehen.

Nun beginnt auch der Feigenkranz der fünf Mädchen mitzumachen. Eine leckt mit breiter Zunge das sichtbare Arschloch des vögelnden Mädchens. Die anderen vier sind mit dem Mann beschäftigt. Der Mann beginnt aufzustöhnen. Die Musik wird rascher und zum Schluß direkt rasend. Genau verfolgt der Kapellmeister die Bewegungen des vögelnden Paares.

Mit gewaltiger Anstrengung sprengt der Mann nun seine Fesseln. Seine harten Arme schlingen sich eisern um das Mädchen und mit einem Lustschrei bohrt er seinen Schwanz zum letzten Stoß tief in die Partnerin. Beide sinken erschöpft auf die fünf Mädchen, die sich wie ein Teppich auf den Boden geworfen haben.

»Da capo, da capo!« schreit das Publikum, und die Peperl klatscht begeistert in die Hände.

»Bravo! Bravo!« schreit sie und hupft dabei vor Entzücken auf Ernstls Nudel auf und ab, bis dieser mit einem wonnigen Seufzer seine ganze Kraft in sie ergießt.

Nun, da es Licht geworden ist, sehen die Freunde, in welcher Art Ernstl die Vorstellung doppelt genossen hat.

»Du bist wohl der Gerissenste, den ich seit langer Zeit gesehen habe«, sagt Graf Aristides bewundernd.

Ernstl verwahrt schuldbewußt seine Nudel im Hosenschlitz, während die Peperl ganz ungeniert mit einer Serviette die tropfende Fut abwischt.

»Er hat mich schön gefickt«, sagt sie ihn verteidigend.

Jemand rezitiert den nächsten Vers:

Frau Wirtin hat auch eine Nichte,
die onaniert nur mit dem Lichte,
und kam sie in Ekstase,
so schob sie noch den Leuchter nach,
der war aus blauem Glase.

»Ich kann noch viel schönere Verse von der Wirtin«, behauptet die Peperl, und Ernstl fordert sie auf, doch welche zu singen.

Aristides hat Mali auf den Tisch gesetzt und riecht, zwischen einigen Schlucken Sekt, immer wieder an ihrer Fut.

Die Peperl holt tief Atem und legt los, sie ist jetzt ganz in ihrem Element:

*Frau Wirtin hat auch einen Kahn,
da fuhr sie öfter auf der Lahn,
sie liegt dabei am Rücken
und macht die Fummel auf und zu
und fängt damit die Mücken.*

Von den Nachbartischen sind die Herren längst herübergekommen und umlagern die Gesellschaft Peperls. Das Kind hat zu tun, daß nicht mehr als zwei Hände zugleich an ihrer Fut herumspielen. Gutmütig hält sie ihren kleinen, aber festen Arsch mit dem rosigen Löchlein hin, damit man sie auch dort bedienen kann. Die Herren lassen sich dazu nicht zweimal auffordern.

Auch Mali ist vollauf beschäftigt. Ihre schmale Hand krabbelt Aristides im Hosenschlitz, und endlich hat sie auch Erfolg. Sie fördert etwas zu Tage. Aber ein so bescheidenes Kind sie auch ist, das ist ihr doch zu wenig. Enttäuscht betrachtet sie das winzige, faltige Nuderl und blickt dann die Runde ab, ob denn keiner da ist, der ihr in ihrer Geilheit hilft und ihr was Richtiges in die geile Fut steckt. Da erbarmt sich einer des gekränkten Maderls und gibt ihr eine schöne steife Nudel in die Hand.

»Das ist etwas anderes!« Mali gerät in Begeisterung. Sie drückt den Schwanz leicht und dann bückt sie sich und beginnt mit spitzer Zunge den zuckenden Stengel zu bearbeiten. Nun interessiert sie nichts mehr ringsumher. Sie hat eine herrliche Nudel im Mund und hofft, diese auch bald woanders zu haben.

Auf der hellerleuchteten Bühne liegt auf einem roten Teppich splitternackt die Mizzi Wewerka. Sie hat die Beine weit gespreizt. Über ihr, so daß die Brüste der beiden sich berühren, eine andere bildhübsche schwarzlockige Frau. Still liegen sie da, doch als die Musik einen Marsch intoniert, fahren die Zungen nieder und vergraben sich in der Fut der Kameradin. Dieser Stellungswechsel ist so schnell vor sich gegangen, daß man beinahe an Zauberei glauben müßte. Das was dort zur Vorführung bereit liegt, ist ein Paar geiler, vervögelter und Schwanz suchender, zu allem bereiter Weiber.

Ringsum sind die Lichter verlöscht, nur ein Scheinwerfer trifft die beiden sich liebenden Frauen. Nichts ist zu sehen, als die weißen, schönen und sich gierig auf die Votz der anderen stürzenden Männerbeglückerinnen, die aber diesmal etwas gänzlich anderes darbieten.

Peperl ist wieder einmal sehr aufgeregt bei diesem Anblick. Sie liebt die Fut der Mizzi Wewerka und ist eifersüchtig, daß eine andere Zunge sie bearbeitet. Dazu kommt noch etwas. Peperl spürt, daß sie nicht mehr im Mittelpunkt steht. Es sind nun andere da, die die ganze Aufmerksamkeit auf sich ziehen. Irgend etwas muß geschehen, fühlt die Peperl. Irgendwie muß sie wieder im Mittelpunkt des Interesses stehen. Mit dem heutigen Abend beginnt ja ihre Laufbahn. Von hier aus will sie emporsteigen und die Stufen auf dieser Aufstiegsleiter sollen die Betten der Lebemänner sein. Wenn ihr das aber gelingen soll, dann muß ihr Gesicht und ihre Gestalt, ihre schamlose Keckheit und ihr berühmter Name den anwesenden Männern in Erinnerung bleiben.

Die Peperl Mutzenbacher, Josephine Mutzenbacher die Zweite, hat man vorhin zu ihr gesagt. Diese Peperl Mutzenbacher soll eine ganz besondere Note haben. Sie soll ihre schon so berühmte Mutter noch übertreffen!

Entschlossen schlüpft die Peperl vom Schoß des Ernstl. Als sich nun der Vorhang über dem schwer atmenden Weiberpärchen schließt, geht sie aufrecht und geraden Schrittes zum Musikerpodium. Mit einer Handbewegung gebietet sie den Musikern zu schweigen und stößt dann, um die Aufmerksamkeit auf sich zu lenken, einen durchdringenden Schrei aus.

Stille breitet sich über den Saal. Alles sieht nach vorn, wo das reizende kleine Mädchen in einem winzigen Röckchen auf schlanken Beinen steht und ihre Brüste herausfordernd reckt.

Peperl macht ein paar Tanzschritte. Sie hat nie tanzen gelernt, aber das liegt ihr im Blut. Der Kapellmeister paßt seine Geige ihrem Rhythmus an und fiedelt sanft und einschmeichelnd. Nicht einen Moment zögert oder überlegt die Peperl. Jede Bewegung ist, als hätte sie diese stundenlang schon geübt. Sie führt aus dem Stegreif eine Pantomime auf und jeder weiß gleich, worum es sich dabei handelt: ›Das Mädchen, das seine Jungfernschaft verliert‹.

Fest preßt sie ihre Hand auf ihr kleines Votzerl, weicht vor einem unsichtbaren Angreifer zurück und immer wieder hebt sie ihr Röckchen und sieht nach, ob die Fut noch da ist. Sie spielt die Komödie der Schamhaftigkeit und Schamlosigkeit derart schmackhaft und aufregend, daß so manch verwöhnter Schwanz steif wird. Sie wehrt sich gegen den imaginären Mann, dann gibt sie langsam nach, immer wieder scheu zurückweichend und sich endlich schrankenlos hingebend. Ihre Knie werden weich, die Beine öffnen sich einladend. Mit geschlossenen Augen empfängt sie die gefürchtete und ersehnte mächtige Nudel. Ihr Gesicht zeigt den Schmerz der ersten Stöße und dann ein langsames Wohlbefinden, bis es endlich den Ausdruck der Verzückung annimmt. Sanfter und runder werden die Bewegungen, die Hände über die Augen deckend, sinkt die Peperl befriedigt und in Wonne aufgelöst hin. Die Peperl weiß nicht, daß sie hier ein kleines Kunstwerk geboten hat.

»Hoch! Hoch! Hoch die Peperl! Braves Peperl!«

Der Applaus ist rasend. Die Herren stürmen zum Podium, sie reißen die Peperl herunter, sie fliegt von Arm zu Arm. Überall an ihren Körper fühlt sie gierige Hände und Lippen. Kein Fleckerl ihres Körpers bleibt verschont. Ihr Rock ist in Fetzen heruntergerissen worden, und die Männer haben sich um die Fetzen als Andenken herumgeschlagen. Sie hat die Schuhe verloren, die jedoch aufgehoben, um später im intimen Kreis als Sektglas benützt zu werden.

Ein Schuh, der Peperl, des neuen Stars unter den Huren der Großstadt!

Ihr Käppi hat ein ganz schlauer Genießer ihr vom Kopf gerissen. Er wird es bestimmt daheim vor seinen Freunden einmal auf seine Eichel stülpen und davon träumen, es wäre der Kopf der kleinen Mutzenbacherin, die seinen Schwanz schleckt.

Die Peperl aber lacht und weiß nun ganz genau, daß ihr heute der Durchbruch geglückt ist. Heute steht sie am Beginn ihrer Laufbahn als Nobelhure! Was werden die nächsten Wochen bringen? Peperl hofft, daß sie viele große und gute Schwänze besteigen werden. Aber noch mehr denkt sie an das Geld, das ihre kleine Raubvotze einbringen wird.

»Mir gehört das Mädel, nur mir allein«, schreit Graf Aristides, denn sein Schwanz ist wunderbar steif geworden, »ich will sie heute ficken!«

»Mir gehört sie«, schreit der Ernstl, »sie soll mich heute noch kennenlernen.«

Alles schreit durcheinander. Da schlägt ein bisher nicht in Erscheinung getretener alter Hofrat vor:

»Wir losen das beste Mädchen von Wien einfach aus.«

»Ausgezeichnete Idee, losen wir«, stimmt Baron Robby zu.

»Erstes Angebot, einhundert Schilling. — Zweihundert! — Dreihundert!«

»Fünfhundert«, schreit Graf Aristides.

Einen Augenblick herrscht Stille. Fünfhundert, das ist schon allerhand Geld. Peperl stockt der Atem, sie ist glücklich. Fünfhundert Schilling ist sie wert. Doch irgendwie stört es sie, daß keiner weiter bietet.

»Tausend Schilling!« ruft der gepflegte, weltmännische Generaldirektor Manfred Marburg. Aus seiner Stimme hört man die Überlegenheit des großen Geldmannes, der sich alles kaufen kann, was er will.

»Tausend Schilling für eine Nacht mit der reizenden Peperl Mutzenbacher. Zum ersten-, zum zweiten- und zum dritten Mal!«

Ernstl verkündet es mit väterlichem Stolz und klingelt dazu mit dem Sektglas.

»Herr Marburg, da haben Sie Peperl.«

Ernstl streckt die Hand hin und will das Geld kassieren. Da ist aber die Peperl da, schon hat sie die Banknote in der Hand. Hochaufgerichtet und nackt steht sie da und ist glücklich. Sie weiß — nun hat sie gesiegt. Sie hat die erste Sprosse der Leiter erklommen. Ganz Wien wird morgen wissen, die Tochter der berühmten Josephine Mutzenbacher ist in die Fußstapfen der Mutter getreten. Nie wieder wird sie sich kümmern müssen, ob und wer ihre Fut behandeln will. Immer wird einer da sein.

Stehend leeren die befrackten Herren ihre Gläser und defilieren grüßend an dem nackten Mädel vorbei.

Triumphierend steht die Peperl da, hoch über allen anderen und sie beschließt, diesen Ehrenplatz nicht mehr aufzugeben.

Hoch hat sie sich ihr Ziel gesteckt, doch sie hat es erreicht. Viel hat ihr auch der Ruf der Mutter geholfen, aber die Peperl ist über ihre Mutter hinausgewachsen.

Peperl Mutzenbacher wurde nicht von den Männern ausgesucht, sondern sie suchte sich die Männer aus.

Sie war und blieb die größte Nobelhure Wiens.

❧ Exquisit Bücher
Galante Werke der Weltliteratur

*Eine Buchreihe, die sich die Aufgabe gestellt hat,
Kostbarkeiten der amourösen Dichtung aller Zeiten,
seltene Werke der galanten und erotischen Literatur
in modernen Taschenbuchausgaben
zugänglich zu machen*

E 112 Marquis de Sade
Philosophie im Boudoir

E 113 Richard Werther
Beichte eines Sünders

E 114 Anonymus
Frivole Geschichten

E 115 E. und Ph. Kronhausen
Erotische Exlibris

E 116 Anonymus
Komtesse Marga

E 117 Andréa de Nerciat
Der Teufel im Leibe

E 118 Pierre Jean Nougaret
*Die Schwachheiten
einer artigen Frau*

E 120 Friedrich S. Krauss
*Das Geschlechtsleben
des deutschen Volkes*

E 122 Ferrante Pallavicini
Alcibiades als Schüler

E 124 Edith Cadivec
*Bekenntnisse
und Erlebnisse*

E 126 Andréa de Nerciat
Liebesfrühling

E 131 August Maurer
Leipzig im Taumel

E 132 Anonymus
Nächte der Leidenschaft

E 134 Edward Sellon
Der große Genießer

E 137 Felicité Comtesse de
Choiseul-Meuse
Julie – die ewige Jungfrau

E 139 John Cleland
*Die Memoiren
des Scholaren*

E 141 Anonymus
Die Freuden der Liebe

E 144 Frank Francis
Verbotene Früchte

E 146 Fougeret de Montbron
Margot, die Flickschusterin

E 148 Comte de Mirabeau
*Die Bekenntnisse
des Abbés*

WILHELM HEYNE VERLAG
TÜRKENSTRASSE 5-7
8000 MÜNCHEN 2